仮想通貨とフィンテック

世界を変える技術としくみ

Virtual Currency & Fintech

CYZO

はじめに

　昨今、ビットコインをはじめとする仮想通貨が話題となり、「フィンテック」と呼ばれる分野への投資が注目を集めています。

　私のところにも「ビットコインを買っておくと儲かると言われたのですが、本当に儲かるのでしょうか」とか「政府から補助金がもらえるというフィンテック関連企業に投資しておいた方がよいでしょうか」などという相談が持ちかけられるようになりました。

　しかし、仮想通貨やフィンテックの本質は、そこにはありません。

　私は、補助金などをばらまく政府までをも巻き込んだ、そうした「投機的な発想」から脱し、仮想通貨、フィンテックの本当の意味、そしてそれらがもたらす未来について考えるヒントになればとの思いから筆を執りました。

実は、「フィンテック」と呼ばれる技術の核となる部分は特に新しいものでも何でもなく、私がアメリカで研究を行っていた1990年代からすでにあったものであり、私のカーネギーメロン大学での博士論文は、現在のフィンテックにも通じるアルゴリズムに関するものでした。

ですから、「フィンテック」とは、私にとってはむしろ懐かしさを覚えるほど古い技術だったのです。

もっとも、当時と現在とではコンピューターの性能もインターネット環境もまったく違うため、現実の方がようやく技術を受け入れられるように（実用化できるように）なってきたということだと思います。

おそらく、仮想通貨やフィンテックと呼ばれる技術は、今後、ますます世の中に広まっていき、多くの人が（その裏側にあるものを意識するかしないかにかかわらず）利用することになるでしょう。

私は、それによって、現在とは大きく異なる社会がやってくるだろうと予測しています。

本書ではその予測についても触れていきます。

仮想通貨について、ビットコインぐらいしかイメージしていない人にとっては意外に思うことばかりかもしれませんが、現実に起こり得ることですので、ぜひ理解しておいてほしいと思います。

仮想通貨やフィンテックはうまく使われていくことで、現在進んでいるような格差社会を、格差のない社会に修正していく力を持っています。

ただし、多くの人が「投機目的」としか見ていなければ、その力を十分に引き出すことはできません。

短期的に儲かるかどうかという、近視眼的な見方を捨てて、広角かつ望遠的な視点を身につけていくことで、多くの人が暮らしやすい、よりよい社会がやってくることでしょう。

本書の中ほどでは仮想通貨やフィンテックについて、少々、技術的な話も入れてあります。

また、そもそも「通貨とは何なのか」についても、少し突っ込んで考えています。ビットコインのような仮想通貨をただ利用するだけの人にとっては、直接的には関係のない話に見えるかもしれません。

しかし、仮想通貨、フィンテックとはどういうものなのかを知っておくことは少なくとも損にはなりませんし、「投機目的」の発想を変えていくためには知っておくことがぜひとも必要だと考えたので、あえて書いておくことにしました。

技術的な知識のない人でも必要なことだけは理解できるように配慮したつもりですが、もしかしたら「難しい」と感じる部分もあるかもしれません。

そこは何度も読んでいただくか、あるいはいったん飛ばしていただいて、もう少し全体像を把握した上で再度、読んでもらえれば、より理解が進むことと思います。

技術の話もぜひ投げ出さずに読んでいただいて、仮想通貨、フィンテックの本質を理解していただきたいと思っています。

本書が閉塞感の進む格差社会に希望を与え、あなたが来るべき未来への準備をするための一助となれば幸いです。

2017年3月

苫米地英人

目次

装丁・本文デザイン　篠　隆二（シノ・デザイン・オフィス）
編集協力　木村俊太

第一章

仮想通貨とは何か

通貨とは何か

仮想通貨について考える前に、まずはそもそも「通貨」とは何なのかについて考えておきたいと思います。

「通貨とは何か」と問われたら、あなたは何と答えるでしょうか。

「そんなの簡単だ。1万円札のような紙幣と500円玉のような硬貨のことだよ」

そんな声も聞こえてきそうです。

はたして、そうでしょうか。

たしかに、紙幣も硬貨も通貨です。

しかし、「通貨とは紙幣と硬貨のことである」というのは誤りです。

紙幣と硬貨以外の通貨もあるからです。

例えば、銀行預金。

通貨の機能（詳細は後述します）の一つとして「決済」機能がありますが、今時は多くのケースで、銀行の口座決済が使われています。

何かの購入代金等を支払う際、相手に現金を渡すのではなく、銀行口座から引き落とすというやり方で決済する方法です。

あなた自身がどのような決済をしているかを考えてみれば、すぐにわかるかと思います。

例えば、電気やガスや水道などの公共料金の支払いを現金で行っているでしょうか。現金で行っている人もいるでしょうが、割合から言いますと、かなり稀なケースです。ほとんどの人は銀行の口座振替やクレジットカード払いを利用しているはずです（クレジットカード決済も、結局は銀行口座から引き落とされるので、銀行の口座決済と大きな差はありません）。

銀行預金が決済機能を持っているわけですが、だとすると、この銀行預金も通貨であると言ってもいいのではないかと考えることができます。

「銀行口座のお金は私の紙幣と硬貨を銀行に預けたもの。銀行にある私の紙幣と硬貨を銀行が決済相手に渡しただけなので、銀行口座が通貨だというのは違うような気がします」

こう考える人もいるかもしれません。


しかし、これは明らかに誤りです。

銀行に、あなたの紙幣や硬貨はありません。

あなたの紙幣や硬貨（というものが現実にあると仮定しても）は、銀行の金庫に眠っているわけではありません。

銀行は、あなたの（預金者全体の）預金を金庫に眠らせていても何の利益も得られません。その集めたお金を何らかの形で運用してはじめて、利益を得ることができるのです。

集めたお金の運用方法として、例えば、銀行による貸し付けがあります。

企業に事業資金として貸し付けたり、個人に住宅ローンとして貸し付けたりして、金利で利益を得るわけです。

実は、銀行は、自社（自行）の持っているお金よりも何倍も多くのお金を貸し付けることができます。

「信用創造」と言って、きちんと返せるだろうと判断した借り手に対しては、（ＢＩＳ規制などで決められた範囲内で）どんどん貸し付けることができるので、実際に持っている現金よりもはるかに多い額の貸し付けが行われています。

貸し付けとは、普通、現金を渡すわけではなく、借り手の銀行口座の残高の数字を増やすだけです。

だから、現金自体はなくてもかまわないわけです。

日々行われる、世の中の決済の額は、紙幣や硬貨の発行金額を大幅に超えて取引されています。

また、今時は給料など仕事の報酬も銀行振込で行われるのが普通です。

現金のやり取りはありません。

銀行口座があなたの現金を預かっているわけではないというのは、もし預金者全員が銀行に行って現金を下ろそうとしたら(取り付け騒ぎが起こったら)、銀行は対応できない(預金者全員に現金を渡すことはできない)ということからもわかるはずです。

銀行にはあなたの現金はありません。

「あなたの口座にいくら預金がある」という預金の情報があるだけです。

そう考えると、銀行口座とは情報であり、情報も通貨となり得ると言えます。

2012年末に発足した第二次安倍政権は、デフレ脱却を目的として、日本銀行(日銀)と連携し、「異次元の金融緩和」をはじめました。

デフレの原因を「通貨発行の不足」と捉え、通貨発行量を増やすことでデフレ脱却を狙うという政策です。

この日銀による「異次元の金融緩和」は、この原稿執筆時の2017年2月現在も続いています。

通貨発行量を増やしてデフレ脱却を目指しましたが、原稿執筆時現在、直近のインフレ率は数ヵ月連続マイナスで推移しており、デフレ脱却には程遠い状態が続いています。

それはともかく、日銀による「異次元の金融緩和」によって、通貨発行量は大幅に増えました。

では、このときの「通貨発行量」とは何を指しているのでしょうか。

物理的に紙幣を印刷して、市場にばらまいたわけではありません(「ヘリコプターマネー」などという言葉が注目されましたが、それとて、実際に紙幣をばらまくわけではありません)。

では、何が増えたのでしょうか。

日銀の金融緩和で増えたのは、各銀行が日銀に持っている日銀当座預金の残高量です。

銀行は、日銀に当座預金口座を持っており、一定額を預けておかなければなりません。

その口座の金額が大幅に増えたということです。

日銀の金融緩和とは、銀行（などの金融機関）が持っている国債を買い取る形で行われます（基本的に、通貨発行とは市中の国債を日銀が買い取ることで行われます）。

その国債購入代金は、日銀当座預金口座に振り込まれます（振り込まれると言っても、残高の数字データを増やすだけです）。

必要に応じて、物理的に紙幣を印刷することはありますが、「異次元の金融緩和」のために、国立印刷局の印刷機がフル稼働しているという話ではありません（もしかしたらフル稼働しているかもしれませんが、それは「異次元の金融緩和」とは関係ありません）。

私自身、よく「円を刷る」という表現を用いますが、これは「物理的に紙幣を印刷する」という直接的な意味ではなく、比喩的な意味で使っています。

実際には、日銀当座預金残高の数字がデータ上で増えるというだけの話です。

流通している現金の量と日銀当座預金残高を合わせたものを「マネタリーベース」と呼びますが、日銀当座預金残高と比べて、流通している現金の量は30分の1程度ですので、ほぼ「マネタリーベース」≒「日銀当座預金残高」と言っていいでしょう。

ただし、日銀当座預金残高はいわば「眠っているお金」であり、循環のサイクルに乗っていないお金です。

景気とはお金の循環のことですから、「眠っているお金」は景気に影響を与えません。

景気の話はここでは深掘りしませんが、「通貨＝現金」ではないことは理解してもらえたかと思います。

では、そもそものテーマ、通貨とは何なのでしょうか。

実はこれは、ものすごく深く、難しい問題なのです。

通貨が持つ機能

通貨とは何かを考えるために、通貨が持っている機能について見ておくことにしましょう。

通貨にはいくつかの機能があります。

人によって、あるいは学説によって、多少の見解の相違はありますが、通貨には概ね以下のような機能があるとされています。

1、価値の基準（価値の尺度）
2、価値の交換（交換の手段、決済）
3、価値の保存

一つずつ、見ていきましょう。

1の価値の基準（価値の尺度）とは、商品やサービスの価値をはかるためのものさしとしての機能です。

物々交換の社会を想定してみてください。

Aさんはりんごをたくさん持っていて、Bさんは米をたくさん持っているとします。

そして、Aさんは、りんごはたくさんあるので米がほしい、Bさんは、米はたくさんあ

図1　価値の基準

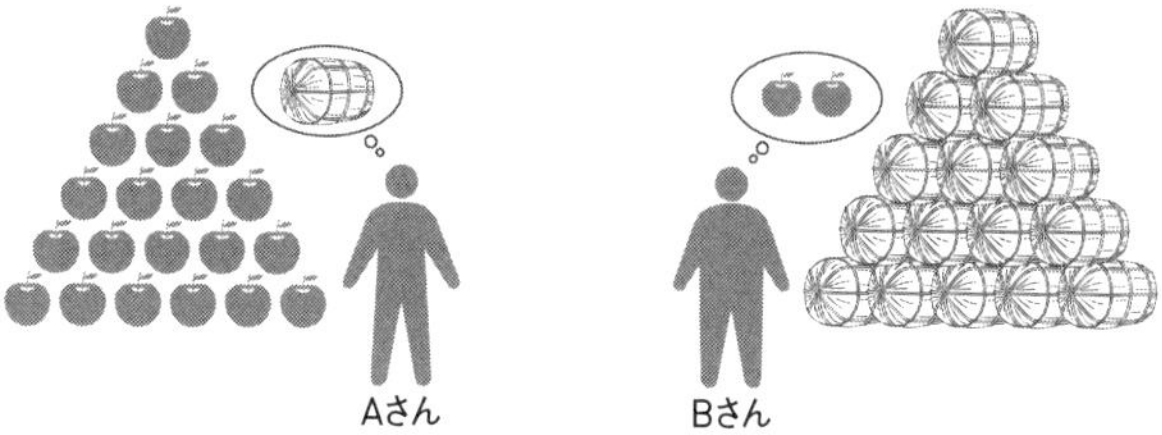

りんごを持っているAさんは米がほしい。米を持ってるBさんはりんごがほしい。でも、価値の基準がないと交換のレートを取り引きごとに話し合って決めなければならない。

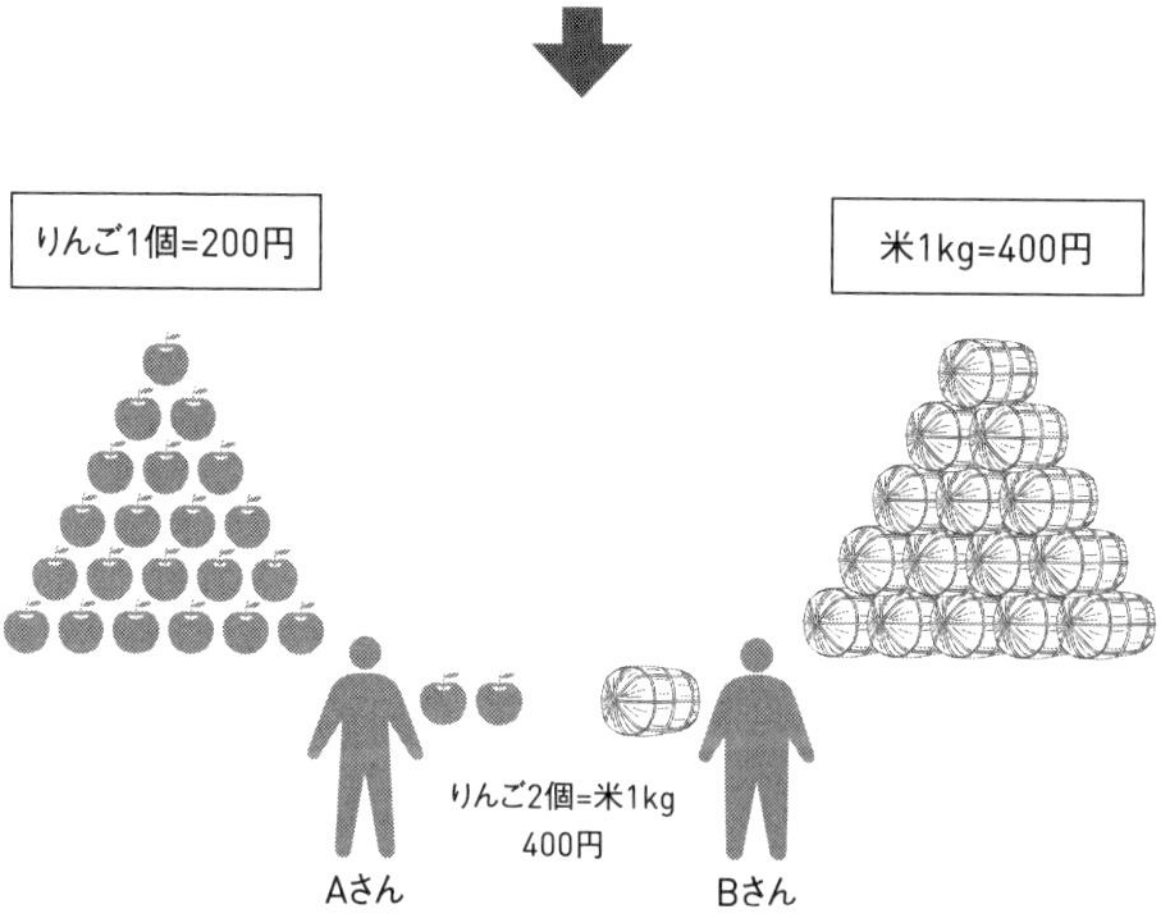

例えば、りんご1個＝200円、米1kg＝400円と決めれば、りんご2個＝米1kgを交換すればいいとわかる。

るのでりんごがほしいと思いました。

Aさんと Bさんが出会えば、取り引きがはじまります。

しかし、ここで価値の基準がないと、りんごと米をいくつずつ交換すればいいのか、わかりません。

その場では話し合いで取り引きできるかもしれませんが、別の人と同様の取り引きをする際に、同じ条件になるとは限りません。

毎回、話し合って交換条件を決めることになります。

ですが、例えばりんご1個＝200円、米1kg＝400円と決めれば、りんご2個と米1kgを交換すればいいとわかります。

これが通貨の「価値の基準」機能、価値をはかるものさしの機能です。

単位を決めて、それを尺度とすることで、商品やサービスの価値の基準を示すことができるのです。

２の価値の交換（交換の手段、決済）は、最もわかりやすい機能でしょう。

実際に商品やサービスを売買する際に、決済手段として使われる機能です。

例えば、先ほどの例で言えば、りんごを持っているAさんがりんごを2個売り（Bさんに売る必要はありません）、４００円を手に入れます。

この時点で、りんご2個という価値と４００円という価値を交換しています。

次に、その４００円を持ってBさんのところへ行き、米１kgを４００円で買うと、４００円という価値と米１kgという価値を交換したことになります。

物々交換だけだと、AさんとBさんが出会ったとしても、Aさんが米を、Bさんがりんごを同時にほしがっていない限り、取り引きは成立しません。

AさんがBさんに「米がほしい」と言っても、Bさんが「りんごはいらない」と言ったら、取り引きは不成立です。

また、Aさんが米を、Bさんがりんごをほしがっていたとしても、お互いが直接会わない限り、取り引きは成立しません。

図2　価値の交換

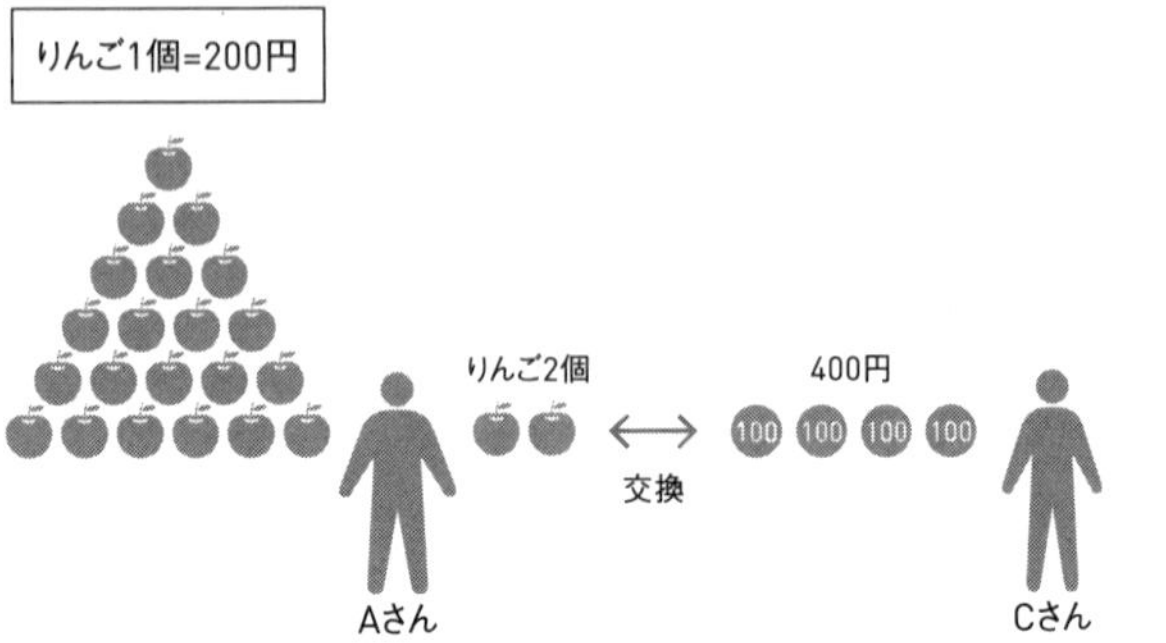

米がほしいAさんはまずりんごをほしがっているCさんに、りんご2個を渡して400円をもらう（りんご2個と400円を交換）

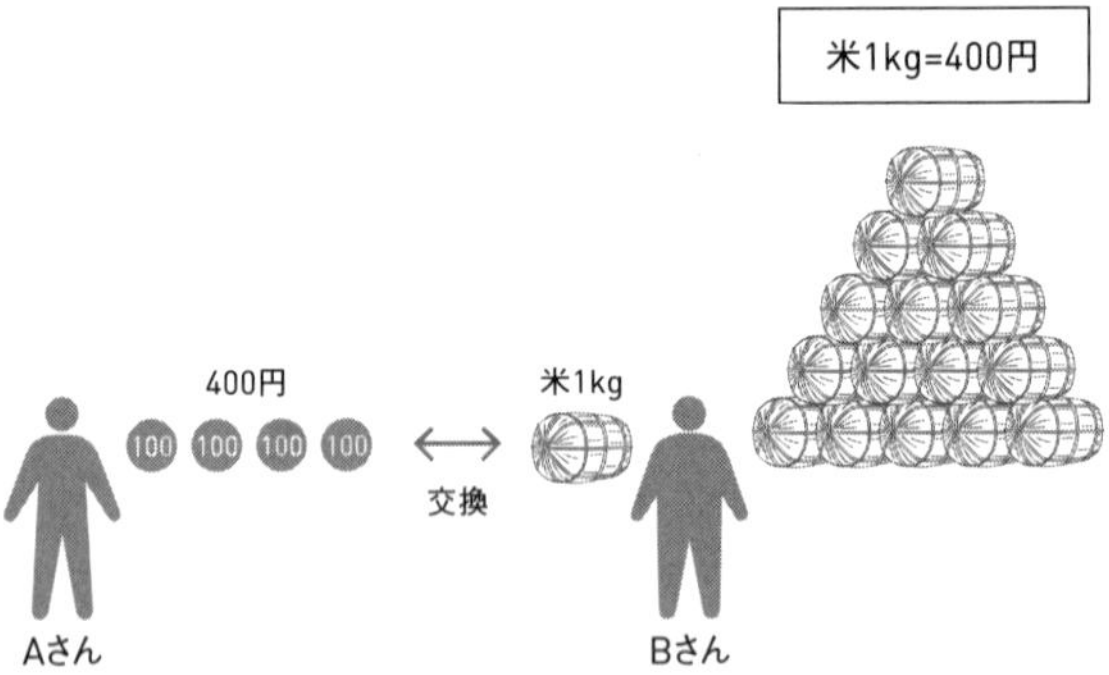

次に、Aさんは400円を持ってBさんのところへ行き、その400円をBさんに渡して、米1kgをもらう（400円と米1kgを交換）

通貨を媒介とすることで、AさんはBさん以外の誰かにりんごを売ったとしても、その代金でBさんの米を買うことができるようになるわけです。

3の価値の保存とは、どういうものでしょうか。

例えばAさんが持っているりんごは、収穫してから1~2ヵ月も経ったら、水分が抜けてスカスカになり、もぎたてと比べるとおいしくなくなります。

収穫したてのみずみずしいりんごよりも価値が落ちたと、多くの人が感じるはずです。さらに時間が経てば、やがては食べられなくなってしまうことでしょう。

米も新米と古米とでは味が違いますから、同じ品種で同じ1kgでも時間とともに価値が落ちると言えます。

りんごや米ならまだ比較的長く保存できますが、魚ならあっという間に腐って食べられなくなってしまいます。

こうした収穫物や魚、肉といったものは、長く持っているとその価値がどんどんと減っていってしまいます。

価値が減る前に、例えばりんご1個を200円で売って、その200円を持ち続けていれば、収穫したてのりんご1個の価値がずっと手元で保存されることになります。

このように、価値あるものを売って得た通貨は、貨幣そのものが劣化することはあっても（例えば、紙幣が破れたり、硬貨が欠けたりするなど）、その価値が失われるわけではなく、ずっと保存されていくのです。

これが、通貨による価値の保存機能です。


通貨にはこの3つの機能があり、逆に言えば、この3つの機能があれば通貨だと言えることになります（他に「譲渡性」＝別の人に渡しても価値を損なわずに使える、あるいは、「多くの人が『通貨』と認識している」などの特徴もありますが、ここではあまり細かい話はしません）。

本書で見ていく「仮想通貨」がこれらの機能を有しているかどうかについては、追って

図3　価値の保存

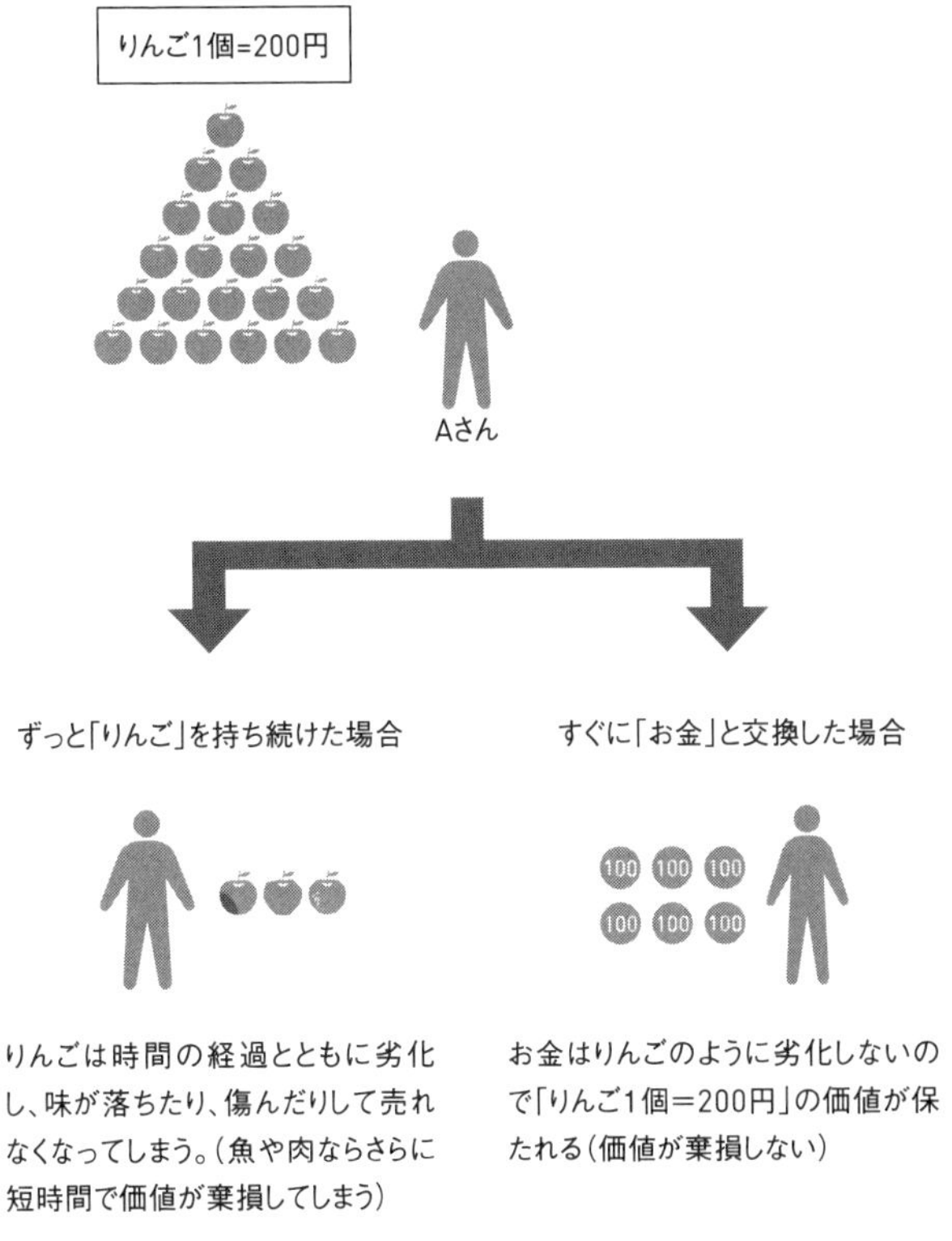
りんご1個=200円
Aさん
ずっと「りんご」を持ち続けた場合
すぐに「お金」と交換した場合
100
りんごは時間の経過とともに劣化し、味が落ちたり、傷んだりして売れなくなってしまう。（魚や肉ならさらに短時間で価値が棄損してしまう）
お金はりんごのように劣化しないので「りんご1個＝200円」の価値が保たれる（価値が棄損しない）

検証していくことにしたいと思いますが、ここではまず、「通貨とは貨幣のことではない」という点と「通貨とは何かを正確に定義することは、われわれが普段持っている感覚と違い、意外に簡単ではない」という点を確認して、先に進みたいと思います。

通貨の発行主体

「通貨」には「価値の基準（価値の尺度）」という機能がありますが、そのためには必ず何らかの単位が必要です。

例えば、「円」とか「ドル」とか「ユーロ」といった単位がすぐに思い浮かぶかと思います。

単位があるからこそ、価値の基準が決められるのです。

一般的に使われる「個」とか「枚」では価値の基準としてはかなり弱くなります。

「お札2枚」のような数え方では、お札の種類やお札1枚の価値があいまいなので、基準になりにくいわけです。

例外的に「秤量貨幣」という、重さで量る貨幣がありました。

これは金や銀のような貴金属の価値が先に決まっているため、重さが価値の基準となり得たのですが、貴金属本位制ではない現代の管理通貨制度のもとでは「円」のような価値の基準となる「単位」が必要になります。

さて、では、「円」という通貨を発行しているのは誰でしょうか。

「日本銀行に決まっている」

はい、ほぼ正解です。

正確には、「円」という通貨は、日本銀行と日本政府（財務省）が発行しています（日銀当座預金残高まで含めても同様の解釈でいいでしょう）。

紙幣は日本銀行が、硬貨は日本政府が発行しています。

ただし、硬貨の発行額は紙幣と比べると微々たるものですので、経済規模から考えたら、そのほとんどを日本銀行が発行していると言っていいでしょう。

ですので、「ほぼ正解」ということになります。

日本銀行のような存在を「中央銀行」といいますが、各通貨とも、その発行を担っているのは中央銀行です（アメリカの「ドル」は中央銀行に相当する「ＦＲＢ＝連邦準備理事会」が、共通通貨「ユーロ」は欧州中央銀行が発行しています）。

中央銀行は「中央銀行の独立」という原則のもと、政府とは独立した存在として独自の政策を行うことになっていますが、事実上は政府の一機関と言えます。

日本銀行の場合で言えば、総裁、副総裁、審議委員は、衆参両議院の同意を得て内閣が任命しますから、人事そのものに内閣の意向が強く反映することになります。

実際、第二次安倍晋三内閣発足で、いわゆる「アベノミクス」の「異次元の金融緩和政策」を取るために、その方針に賛同する黒田東彦日銀総裁が任命されることになりました。

また、日本銀行は財務省所管の認可法人ですが、出資金の55％は政府が出資しています。残りの45％については株式会社の株式に相当する「出資証券」が発行されて、民間が出資し、上場もされていますが、（株式会社のように）出資証券保有者が経営に関与することはできません。

つまり、事実上、日銀は政府の一機関と言っても過言ではありません（実際、職員は「みなし公務員」とされます）。

「円」という通貨の通貨発行権は日本政府（日本銀行も事実上の政府の一機関と捉えて）にあると言えそうです。

共通通貨であるユーロの場合は、各国政府ではなく、欧州中央銀行に通貨発行権がありますが、いずれにしても、いわゆる「法貨」と呼ばれるような通貨には、必ず発行主体が存在するという点は、後に仮想通貨と対比する際に重要になりますので、押さえておいてください。

金本位制と管理通貨制

通貨の歴史を見ていくと、金本位制から管理通貨制へと移行してきたことがわかります。ただし、直線的にその道をたどってきたわけではありません。

金本位制とは、「金（Gold）」を裏付けとして通貨が発行される形態をいいます。先ほどの、通貨の機能のうちの３つ目「価値の保存」の価値を裏付けるために「金」を使ったということです。

価値の基準（尺度）、価値の交換（決済）の２つは、通貨自体に価値の裏付けがなくても（短期的には）何とかなりますが、価値の保存には人々は通貨に何らかの裏付けがないと困ると感じるのです。

もし通貨自体がまったくの無価値になってしまったら、その通貨で何かを買うことができなくなってしまいます。

それは、価値が保存されなかったことを意味してしまうわけです。

さて、その昔、通貨は金（Gold）そのものを使って作っていたこともありました。地域、時代によって銀や他の貴金属だったこともあります。

さらに時代を遡れば、貝、あるいは帳簿としての石板をそのまま通貨として流通させていたこともあるようですが、ここではとりあえずそこまでは遡らないものとします。

歴史的な流れを見ると、金貨の時代があって、その後、兌換紙幣の時代があって、さらにその後、不換紙幣の時代になると理解している人が多いのではないかと思います。

金貨の時代、そして兌換紙幣の時代が金本位制、不換紙幣の時代が管理通貨制と理解しているのではないでしょうか。

そして、管理通貨制が定着するのは、いわゆるニクソンショック以降だと思っている人も多いと思います。

大きな流れとしては間違いではありませんが、実はニクソン大統領よりも800年近く前に管理通貨制を導入した人がいました。

その話の前に、通貨と銀行業についての話をしておきましょう。

銀行業は、中世のヨーロッパ（ドイツ）で始まりました。

当時から、金（Gold）は貴金属として価値があり、また、加工がしやすいことで流通（持ち運び）にも便利なため、価値交換の媒介役、あるいは価値保存の道具として重宝されていました。

アドルフ・ゴールドスミス（ゴールドシュミット）という金の細工師は、持ち運びに便利なように今のコインのような形に金を細工して、人々に重宝がられていました。

金を加工したり、金の純度を正しく守ったりするため、あるいは金を盗まれたりしないように、ゴールドスミスは金を保管するための大掛かりな金庫を必要としました。

やがて、ゴールドスミスの金庫が便利そうだと思った近所の人たちは、「手数料を支払うから、家にある金を安全に保管するために金庫を貸してくれないか」と頼んできます。

ゴールドスミスは快諾し、有料で金を預かる「金の預かり所」のビジネスを始めます。

ゴールドスミスは金を預かると、金の持ち主に紙の預かり証を渡しました。

どのくらいの金がゴールドスミスの金庫にあるかが書かれたものでした。

この預かり証をゴールドスミスに提示することで、金庫の中の金はいつでも持ち主の手元に戻せるようになっていたわけです。

これが、銀行業の始まりだと言われています（現在は銀行の方が利息を支払いますが、当時は預けた人が手数料を支払うシステムでした）。

この紙の預かり証ですが、やがて金そのものの代わりに決済に使われるようになります。

この預かり証をゴールドスミスのところに持っていけば、金庫の中の金がもらえるわけですから、事実上、金と同じ価値を持つと考えられたのです。

これが兌換紙幣の始まりとされます。

ゴールドスミスが銀行業の始まりと言われるのには、もう一つの理由がありました。

それは、ゴールドスミスが金の貸し出しを始めたからでした。

金の預かり所のビジネスを何年も続けているうちに、ゴールドスミスは、金の預け主たちが金そのものを金庫から取り出すことをほとんどしないということに気が付きます。

彼は「だったら、この金を必要な人、ほしがっている人に貸しても問題ないのではないか。少なくとも金の持ち主が金庫から取り出す前に返却してもらえば何の問題もないはずだ」と考えたのです。

そして、利息を付けて金を貸し出すようにしたのです。

もちろん、金そのものを貸し出すわけではありません。

「金の預かり証」（＝紙幣）を貸し出すのです。

これを続けるうちに、ゴールドスミスは「金の裏付けがなくても、預かり証を発行することはできる」と気付きます。

現在の銀行も、自己資本の何倍ものお金を貸し付けることができますが、これを最初に

図4　世界初の銀行「ゴールドスミス」

金の細工師ゴールドスミスは、大掛かりな金庫を持っていた。近所の人は手数料を支払って、自分の金をゴールドスミスに預けた。ゴールドスミスは、誰がどのくらいの金を預けたかがわかるように「預かり証」を発行して、金の所有者に渡した。

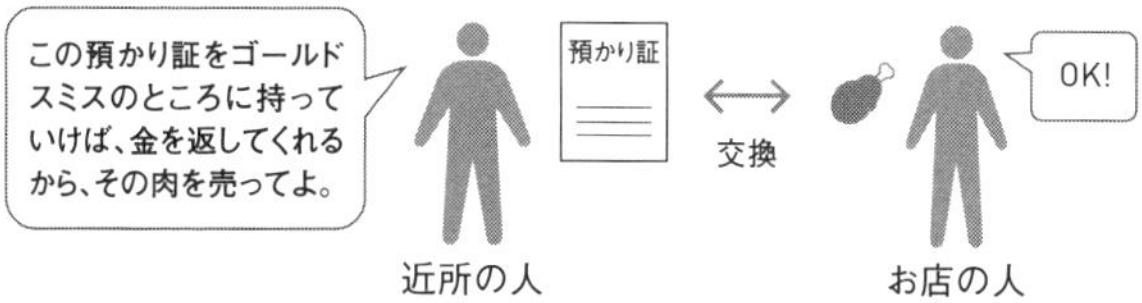

ゴールドスミスの「預かり証」は、金の裏付けのある紙幣として機能するようになった。

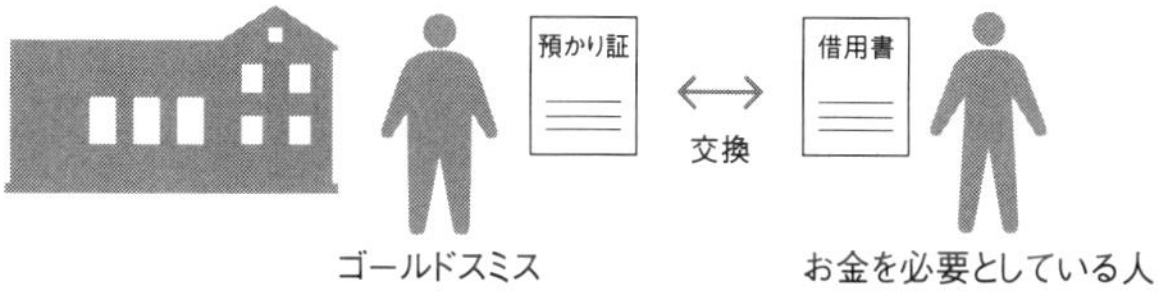

ゴールドスミスは預かった金（Gold）を人に貸しても問題ないことに気付き、金の貸し出しを始める。金そのものではなく「預かり証」を発行して手渡すことで、手元の金は減らないようにした。やがてゴールドスミスは、金庫にある金の量とは関係なく「預かり証」を発行できることに気付き、事実上、通貨発行権を手にすることになる。

やったのがゴールドスミスだったのです。

ここに至って、ゴールドスミスは「通貨発行権」を手にしたことになったのです。

ところが、やがて町の人々はゴールドスミスに対して疑いの目を向け始めます。「いくらなんでも、預かり証に書かれた金の量は多すぎる。預かり証をすべて集めて、書かれている金の量を足し算したら、金庫にある金の量をはるかに超えるのではないか。自分たちの預けた金はもう金庫になくて、全部、誰かに貸し出されてしまったかもしれない。だとすると、自分が持っているこの預かり証をゴールドスミスのところに持っていっても、金を払い戻してもらえないのではないか」

ちょっとした「取り付け騒ぎ」が起こったわけです。

金の預け主たちはゴールドスミスに対して「俺たちの金が本当に金庫にあるのかどうか、中を見せろ」と迫ります。

このときはまだ、金の貸し出しをそれほど大きくはしていませんでしたし、信用貸し、つまり金をそのまま貸し出していたわけではなかったので、彼らが預けた金はゴールドスミスの金庫にしっかりと保管されていました。

安心した金の貸し手たちは、逆にゴールドスミスの事業を支援する側に回る（利益を分けてもらう側に回る）ことになります（やがて本当の取り付け騒ぎが起こることになるのですが、それはまだ先の話になります）。

ちなみに、アドルフ・ゴールドスミスの義理の姉（兄の妻）の実家はロスチャイルド家でした。

ゴールドスミス家とロスチャイルド家は、その後も金融業を拡大させていきました。

さて、では改めて管理通貨制の話をしましょう。

ノルマン人として初めてイングランドの王位についたウイリアム1世（征服王）の息子で、ノルマン朝第3代イングランド王のヘンリー1世は、度重なる戦いのための費用を工面するため、多額の借金を背負っていました。

そこで、ヘンリー1世は「タリースティック」と呼ばれる通貨を発行することにしました。「タリースティック」とは、木の棒でできた通貨でした。

研磨して、切れ込みを入れて、金額がわかるようにはしていますが、金（Gold）などとは違い、もとは単なる木の棒です。

これを「タリースティックは納税金に値するものである」と宣言して、流通させたのです。金の裏付けどころか、もともとただの棒切れ以上の価値を持たないものを「通貨」として流通させたわけです。

この「タリースティック」も、もとは借金の借用書でした。

「いくら借りている」ということがわかるようになっていて、その借金が裏付けと言えば裏付けです。

実は、現在の管理通貨制のもとでの通貨（紙幣）は中央銀行が発行する借用書という性質を持っています。

例えば、日本銀行が発行する日本銀行券（一万円札、五千円札、二千円札、千円札等）は、日本銀行がその金額を借りているという証明書なのです。

不思議な感じがするかもしれませんが、管理通貨制のもとでの通貨とはそういう性質のものなのです。

「タリースティック」に話を戻しましょう。

「タリースティック」は国王が借用書として発行したものを「納税金に値するもの」として流通させ、通貨としての性質を持つようになりました。

まさに、現在の管理通貨制における通貨（お札）と同じものだったと言えます。

つまり、「タリースティック」こそが、世界最初の不換紙幣（紙ではなく、木ですが）であり、ヘンリー1世が「タリースティック」を発行し、「納税金に値する」と宣言した瞬間こそが、世界で初めて管理通貨制が始まったときだと言えるのです。

また、「タリースティック」は、それまで銀行家が持っていた通貨発行権を、国王が取り戻したという点でも大きな意味がありました。

その後、金本位制（銀行家による通貨発行）と管理通貨制（国王などの為政者による通貨発行）がせめぎ合い、戦争や革命が繰り返されることになるのですが、その話の詳細は仮想通貨を語る本書の主旨からはかけ離れてしまいますので、興味のある方は拙著『日本人だけが知らない戦争論』（フォレスト出版・刊）等をご参照いただければと思います。

仮想通貨とは

では、次に、本書で見ていく「仮想通貨」とはどういうものなのかについて考えていきましょう。

詳細は、本書全体を通じて考察していきますが、まずはその概要や特徴について押さえておきましょう。

インターネット辞書「Weblio」の「IT用語辞典バイナリ」には「仮想通貨」について、

以下のように書かれています。

・・・・・・・・・・・・・・・・・・・・・・・・・

仮想通貨とは、オンラインサービスで経済活動を行うことができる貨幣価値のことである。

仮想通貨は特定のサービス内でのみ貨幣価値を持つものであり、一般的には現金に換算したり他のサービスで使用したりする価値は持たない。仮想通貨を用いてアイテムを購入すれば、より有利な条件や環境でサービスが利用できる。例えば、ＭＭＯＲＰＧにおいて強力な武器や道具を購入したり、ＳＮＳなどでアバターに着せる洋服を購入したり、といったことが可能になる。

仮想通貨の入手方法としては、サービスを利用する中でポイントを貯めていく方法が一般的であると言えるが、最近では現金で一定額の仮想通貨を購入できる例も登場している。

・・・・・・・・・・・・・・・・・・・・・・・・・

途中にある「ＭＭＯＲＰＧ」とは、多人数が参加できるオンライン・ロールプレイングゲームのことです。

簡単にまとめますと、仮想通貨とは「オンラインサービスで経済活動を行うことができる貨幣価値」のことで、「特定のサービス内でのみ貨幣価値を持つもの」であり、「一般的には現金に換算したり他のサービスで使用したりする価値は持たない」というものです。

例えば、「ポケモンＧＯ」というゲームの「ポケコイン」（「ポケモンＧＯ」の中のアイテムを買うことはできるが、他のゲームのアイテムを買ったり、現金に換金したりすることはできない）などを思い浮かべるとわかりやすいかもしれません。

「ポケモンＧＯ」の「ポケコイン」は、「ポケモンＧＯ」というゲーム内のアイテムを買うためには必要な通貨ですが、ゲーム以外での使用はできません。

もちろん、現金に換金することもできませんし、原稿執筆時（２０１７年2月）現在、他のプレーヤーに譲渡することもできません。

　これに対して、仮想通貨の代表例として真っ先に挙げられる「ビットコイン」（別章で詳述）はどうでしょうか。

　そもそも、ビットコインはゲームのような閉じたバーチャル空間で使用するものではありません。

　現実の商品やサービスに対する支払い（決済）に使用するためのものです。

　この時点で、先ほどまで見てきたインターネット辞書が想定する「仮想通貨」とはまったく別のものであることがわかります。

　ビットコインは、現実の商品やサービスに対する支払いに使えますし、ビットコインを受け取った人は、当然、現実の通貨（銀行預金なども含めた、広い意味での通貨）と交換します。

　この点でも、「仮想通貨」の辞書的な定義とは大きく異なります。

　つまり、辞書的な定義では、ビットコインは仮想通貨とは呼べないということになります。

実際、「仮想通貨」の定義自体があいまいで、法定通貨（政府や中央銀行などが発行している通貨、法貨）以外のもので、通貨のような働きをしているものを「仮想通貨」と呼んでいる現状があるのです。

では、ビットコインのような、現実の決済に使えて、現金とも交換可能な「通貨（のようなもの）」はどう捉えればいいのでしょうか。

「仮想通貨」という言葉とは別に「デジタル通貨」という言葉があります。

文字通り「デジタル」な「通貨」ということですが、ビットコインなどはこちらの方がしっくりくる言葉でしょう。

ただし、「デジタル通貨」という言葉も「仮想通貨」同様、定義があいまいです。

例えば、「電子マネー」などと呼ばれるものは、「通貨」が「デジタル」化された形で記憶され、カード状のものをかざすことで支払い（決済）ができます。

これも「デジタル通貨」だと言えそうですが、本書で扱うビットコインのような通貨とは明らかに異なるものです。

結局は定義自体がまだきちんとされていません。

本書では、この点を押さえた上で、ビットコイン等を表現する際に一般に使われている「仮想通貨」という用語を用いることとします。

ポイントカードと仮想通貨

たまに、「仮想通貨というのは、ポイントカードのポイントみたいなものだろう」などと言う人がいます。

似ているところは「仮想」な通貨であることと、商品やサービスの支払い（決済）に使えることぐらいで、実際にはまったく異なるものです。

最大の違いとしては、ビットコインなどの仮想通貨は、法定通貨（法貨）との相互交換が可能です（法定通貨で買えることはもちろん、法定通貨に換金することができる）が、通常のポイントカードのポイントは法貨に換金することはできません。

ポイントカードのポイントの例として、例えばカルチュア・コンビニエンス・クラブ（TSUTAYA等を展開している会社）の「Tポイント」や楽天市場の「楽天ポイント」、アマゾンの「Amazon ポイント」などが挙げられます。

これらのポイントはすべて、商品やサービスの購入の手段にはなりますが、そもそもお金を支払って買うこと（法貨と交換）はできませんし、換金すること（法貨に交換）もできません。

この時点で、ポイントカード等のポイントとビットコイン等の仮想通貨とは大きく異なるものだということがわかります。

つまり、ポイントカード等のポイント（ショッピングポイント）と仮想通貨の共通点は、決済に使えるという部分だけなのです。

これらを同等に考えてはいけません。

法律はどうなっているのか

仮想通貨について、法律的にはどのようになっているのでしょうか。

２０１６年5月25日、銀行法、資金決済法等が改正されました。

これらの法改正には、仮想通貨を法的に位置づける条文が含まれています。

結局は政府による「規制」なので、あまりよくない印象を持たれるかもしれませんが、仮想通貨が初めて法的に位置づけられたとともに、「マウントゴックス（ＭＴＧＯＸ）」（仮想通貨ビットコインの両替所）の破綻があったことで消費者保護のために必要だったという意味では、一定の評価ができると思います。

では、どのような法改正が行われたのか、具体的に見てみましょう。

まず、資金決済法の第二条5項で、「仮想通貨」（法律の条文では、「デジタル通貨」ではなく、「仮想通貨」とはっきりと書かれています）を定義しています。

「この法律において『仮想通貨』とは、次に掲げるものをいう。
一　物品を購入し、若しくは借り受け、又は役務の提供を受ける場合に、これらの代価の弁済のために不特定の者に対して使用することができ、かつ、不特定の者を相手方として購入及び売却を行うことができる財産的価値（電子機器その他の物に電子的方法により記録されているものに限り、本邦通貨及び外国通貨並びに通貨建資産を除く。次号において同じ。）であって、電子情報処理組織を用いて移転することができるもの
二　不特定の者を相手方として前号に掲げるものと相互に交換を行うことができる財産的価値であって、電子情報処理組織を用いて移転することができるもの」
「仮想通貨」は法的にはこのように定義されました。

当初、仮想通貨は「通貨なのか、モノ（商品）なのか」という議論がなされました。

例えば「モノ（商品）」であれば、取り引きされた際、日本国内では消費税の課税対象となります。

しかし、「通貨」であれば、両替に消費税がかからないように、非課税対象となるでしょう。

この条文では「代価の弁済のために不特定の者に対して使用することができ」とありますから、国が「仮想通貨」を「通貨」と認めたと解釈できます。

少なくとも、「通貨」としてのひとつの役割を担う存在と認めています。

ということは、「仮想通貨」の売買には消費税はかからないということになります。

他の部分についてここでは細かくは見ませんが、ビットコインの両替所の破綻を意識し、しっかり監督しようという意図が強く見られます。

マウントゴックスのようなことが二度とないようにという、立法府（もしくは、政府）の意志の表れと言えるでしょう。

さて、この条文で「仮想通貨」は「通貨」であると定義されました。

これはよく考えるとすごいことです。

通貨発行権は基本的には中央銀行（政府）が独占的に所有している権利のはずです。中央銀行には通貨発行権があります。

形式的には中央銀行は政府から独立していることになってはいますが、事実上、政府の管轄下にありますし、日本の場合、日本銀行の出資金の過半数を政府（財務省）が出資していますから、政府の一部と言ってもおかしくありません。

歴史的に見ても、特に日本の場合、通貨発行権は時の権力者が独占的に所有する権利でした。

ですが、この法律は「仮想通貨」という「通貨」の発行を政府以外の者に認めたと読むことができます。

これは事実上、「円」以外の通貨を通貨として認めるということで、非常に大きな問題のはずです。

通貨発行権を外部の者に許可するという行為は、政府の根幹をも揺るがしかねない重大事だと思うのですが、あまりこうした観点から論じた報道は見受けられないように思います。

また、仮想通貨は「本邦通貨及び外国通貨並びに通貨建資産を除く」とありますので、円やドルのような通貨は、デジタル化された状態でも「仮想通貨」とは呼ばないことになります。

イングランド銀行の定義では「デジタル化された法貨（イギリスの場合は「ポンド」）」は「デジタル通貨」と呼ぶとしています。

あまりに当たり前な呼び方ですが、要するに国が発行する法貨でデジタル化されたものは「デジタル通貨」、デジタル化されているが国が発行していない通貨を「仮想通貨」と呼ぶというのが、現時点での法律的な定義と捉えてよさそうです。

ところで、この条文には「電子機器その他の物に電子的方法により記録されているものに限り」、あるいは「電子情報処理組織を用いて移転することができるもの」とありますから、紙媒体にプリントアウトしても使えるようなものは、この法律の対象外ということになってしまいます。

後の章で述べる「ベチユニット」などはこの法律の対象外ということになりますが、これについては、この法案を作った人が仮想通貨の本質をわかっていなかったというくらいに留めて先に進みたいと思います。

次章では仮想通貨の技術について、やや専門的な話も交えながら見ていきます。仮想通貨とはどのような技術でできているのかを知ることで、仮想通貨への理解もよりいっそう深まることと思います。

第二章

仮想通貨は暗号通貨

現在の「仮想通貨」は「コイン」ではなく「デジタル帳簿」である

この章では、仮想通貨と呼ばれるものの中身について、できる限り専門的にならないように解説していきたいと思います。

とはいうものの、かなり技術的な話も入ってくることになると思います。

ただ、仮想通貨を理解する上でどうしても必要になる話ですので、頑張ってついてきてください。

もちろん、エンジニアではない読者のみなさんは、すべてを完璧に理解する必要はありません。

概念として、おおよその理解で大丈夫です。

この章の話を知っているのと知らないのとでは、次章以降で紹介する「ビットコイン」や「ベチユニット」についての理解度が大きく変わってくるため、どうしても説明せざるをえないのですが、一度読んだだけではわからなかったことでも、次章以降の話とつながったとたんに一気に理解が進むこともあるかもしれません。

多くの人が初めて聞く話かもしれませんが、まずは「仮想通貨はそういう技術によって支えられているのか」というくらいから理解してもらえればと思います。

今「ビットコイン」については次章で詳しく説明するという話をしました。

ただ、仮想通貨を語る際、「ビットコイン」を強く意識せざるをえません。

ですので、次章でするビットコインの解説に必要と思われる技術に特に強く焦点を当てながら解説していきたいと思います。

さて、技術的な話の前に、一つだけ大前提として知っておいてほしいことを述べておきたいと思います。

それは「『ビットコイン』は『コイン』という名前が付いているが、実際は『コイン』

ではなく『帳簿』である」ということです。

詳細はこのあと見ていきますが、簡単に言いますと、「ビットコイン」はそのデータ構造自体に価値があるわけではなく、「AさんからBさんにいくら分のビットコインが渡ったので、Bさんは別の人にその分のビットコインを渡す権利がある」という「帳簿」が次々と受け渡されていくということです。

いきなり難しいですか?

では、例を出して説明しましょう。

現金と預金通帳をイメージしてください。

現金には、紙幣にしても硬貨(コイン)にしても、その現金自体に価値がありますね。

「いや、政府が転覆したり、大災害や大戦争が起こったりしたら、紙幣もただの紙切れになる。あるいは、ハイパーインフレにでもなれば、その価値は著しく下がり、紙くず同然になる」

そんな反論をする人もいるかもしれません。

はい、たしかにそのとおりですが、逆に言えば、そのくらいの「超」非常事態でも起こらない限りは価値が保存されますし、ハイパーインフレになったとしても、価値がまったくなくなるわけではありません。

そう考えれば、現金自体に価値があるということを認めてもらえるだろうと思います。

現金自体に価値があるからこそ、お店に現金を持っていってそれを渡すことで商品を買うことができるわけです。

一方、預金通帳はどうでしょうか。

お店に預金通帳を持っていって「これで商品を売ってください」と言っても、間違いなく売ってくれません。

「現金を引き出してからお店に来てください」ということになります。

では、預金通帳にはまったく価値がないのでしょうか。

そうとも言えません。

預金通帳には、あなたが銀行に預金しているお金の残高が記録されています。

通帳自体に価値があるわけではありませんが、通帳に記入されている内容には価値があります。

実際、印鑑や銀行口座のキャッシュカードがあれば、現金を引き出したり、その預金口座から他の人の口座にお金を振り込んだりすることができます。

公共料金などは、銀行口座からの自動引き落としが当たり前ですし、通信販売の買い物だって、お店によっては銀行振込が可能です。

つまり、預金通帳はあなたがいくらの現金を所有している（いくらの支払い能力がある）かの証明には使えるわけです。

預金通帳は、あなたの銀行口座のお金の出入りを記録した「帳簿」です。

この「帳簿」はあなたの支払い能力を証明してくれます。

現在、「仮想通貨」と呼ばれているものは基本的にこの「預金通帳」に該当します。

「現金」ではありません。

取引の履歴が記録されている「帳簿」なので、これ自体に価値があるわけではないのですが、銀行口座のように、決済に使うことはできます。

これに対して、私がジャストシステムに勤務していた頃（1990年代）に開発した「ベチユニット」は、データ構造自体に価値を持たせる仕組みになっていました。

こちらは「ビットコイン」などと違い、本当の意味で「仮想通貨」と呼べると思いますが、これについても別章で解説したいと思います。

まずは大前提として、現在使われている「仮想『通貨』」は「仮想『帳簿』」であるということを押さえておいてください。

仮想通貨は暗号を使う

ここで「仮想通貨」（前項にならえば正確には「仮想帳簿」ですが、ややこしくなるので「仮想通貨」で統一します）の技術の最重要部分について解説していきたいと思います。

「仮想通貨」の技術で最も重要なのは「暗号」です。

「仮想通貨」は暗号が支えているのです。

仮想通貨はデジタルデータのため、セキュリティが甘いと改竄されてしまうおそれがあります。

例えば、「AさんからBさんに1単位（単位は何でもかまいません）の仮想通貨を支払った」という情報を「AさんからBさんに100単位の仮想通貨を支払った」に書き換えられてしまったらたいへんです。

こうした不正が簡単に起こってしまうようでは、通貨としては使い物になりません。

偽札が簡単に作れてしまう紙幣が使い物にならないのと同じです。

現金紙幣も、印刷技術やすかしの技術など、偽造を防止するさまざまな工夫がなされていますが、仮想通貨はデータの改竄がされないように、あるいは、改竄されてもすぐにバレてしまうように、暗号が施されているのです。

暗号の世界では、相手に伝えたいもともとの情報を「平文《ひらぶん》」、平文に暗号を施して悪意の第三者に読めないようにすることを「暗号化」、暗号化された情報をもとの「平文」に戻すことを「復号化」と呼びます。

「平文」とは必ずしも文章とは限りません。

文章にはなっていないデジタルデータ情報、例えば画像とかプログラムとか、とにかくデジタルデータなら何でもかまいません。

要するに、相手に伝えたい情報を「平文」と呼ぶわけです。

暗号化にはさまざまな方法がありますが、一般的に使われているのは「アルゴリズム」と「鍵」を使う方法です。

「アルゴリズム」とは、簡単に言うと暗号化の手順のことです。

平文にこういう処理を施すと決めておくこと、もう少し具体的に言うと、平文を数値化してこういう計算を施すという決め事のことを言います。

図5　暗号化と復号化

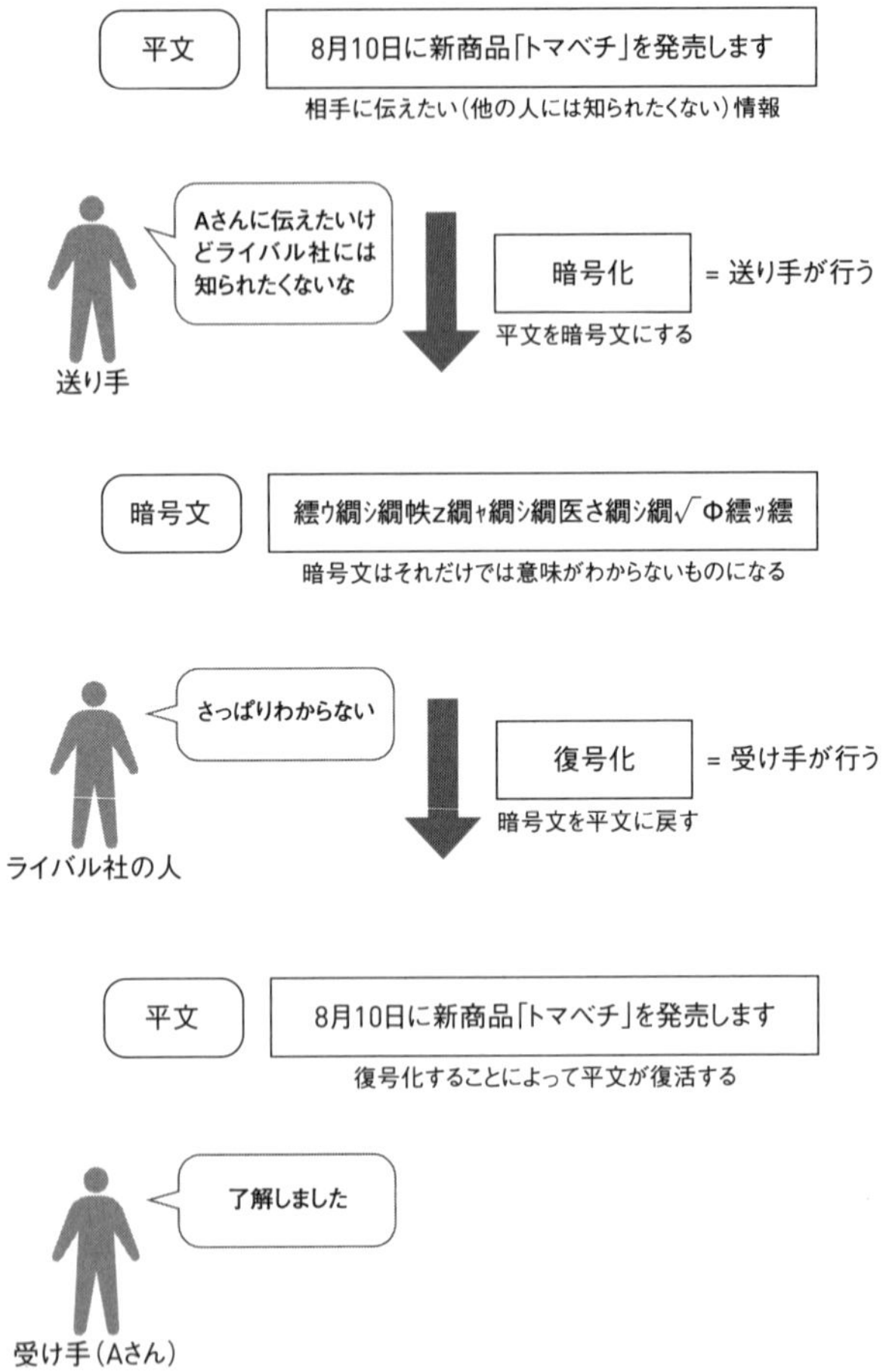
平文
8月10日に新商品「トマベチ」を発売します
相手に伝えたい（他の人には知られたくない）情報
Aさんに伝えたいけどライバル社には知られたくないな
送り手
暗号化
＝送り手が行う
平文を暗号文にする
暗号文
繧ｳ繝ｼ繝帙z繝ｬ繝ｼ繝医さ繝ｼ繝√Φ繧ｯ繧
暗号文はそれだけでは意味がわからないものになる
さっぱりわからない
ライバル社の人
復号化
＝受け手が行う
暗号文を平文に戻す
平文
8月10日に新商品「トマベチ」を発売します
復号化することによって平文が復活する
了解しました
受け手（Aさん）

「鍵」とは、アルゴリズムを実際に動かすのに使う数字です。「鍵」を使ってアルゴリズムを動かし、平文を暗号化したり、暗号文を復号化したりします。「鍵」を使えば平文を暗号化したり、暗号を復号化したりできるのですが、アルゴリズムはたいてい共有していますから、「鍵」が悪意の第三者の手に渡ってしまうと送りたい（伝えたい）平文を読み取られてしまう（そして、改竄されてしまう）ことになります。

平文を読み取られたり、改竄されたりしないように暗号を使うわけですが、それを防ぐためのカギがまさに「鍵」なのです。

例えば、ワードやエクセルで作った文書や表計算データがメール等で送られてきた際、パスワードの入力を求められることがあります。

送り主が、送信先の人以外の人に読まれないようにロックを掛け（暗号化し）てメールで送っているからです。

そして、別のメールでパスワードが送られてくることがあります。

送り手は平文（ワードやエクセルのデータ）を暗号化してメールで送りますが、パスワードはその暗号化されたものを復号化するための「鍵」に当たります。

ワードやエクセルのデータを悪意の第三者が手に入れたとしても、パスワードという鍵がないと（パスワードを知らないと）元のデータを見ることもできませんし、当然、改竄もできません。

ただし、送り主は情報の受け手（送り先の人）に別便のメールでパスワードを送ることが多いようですが、この方法では「絶対に安全」とは言えません。

悪意の第三者が、情報の受け手のメールを盗み見ることができれば、暗号文（送られたワードやエクセルのデータ）も鍵（パスワード）も手に入るからです。

公開鍵と秘密鍵

鍵にはいくつかの種類があります。

先ほどの、ワードやエクセルのデータを開くためのパスワードのような鍵は「共通鍵」と言います。

鍵をかける人（暗号化する人）が使う鍵と、鍵を開ける人（復号化する人）が使う鍵が共通なのでこう呼びます。

共通鍵を使う場合の最大の問題は、どうやって第三者に共通鍵を知られることなく（第三者の手に共通鍵が渡ることなく）情報の受け手に暗号文と鍵を届けるかということです。

情報の受け手に平文を届けることが最大の目的なわけですが、暗号化するので、鍵も届けないと相手は平文が読めません。

しかし、届けたい情報の受け手以外の人に鍵が渡ってしまうと、その人も平文を読むことができてしまいます。

これでは困るわけです。

共通鍵暗号（対称暗号などとも呼ばれます）の場合、鍵の受け渡しの際にどうしても鍵を盗まれるリスクが発生します。

共通鍵には、もう一つ、問題があります。

それは、一度誰かに使った共通鍵を別の人に使うことは非常に危険だという問題です。Aさんに送った共通鍵と同じものをBさんやCさんやDさんにも使うと、Aさんには見てほしいがBさんには見られたくない平文があっても、Bさんに対して秘密にできない（Bさんも共通鍵を知っているので）ということです。

これを防ぐには、送信する相手ごとに共通鍵を別のものに変える必要があります。Aさん用の鍵、Bさん用の鍵、Cさん用の鍵、Dさん用の鍵、それぞれを別々のものにしなければならないのです。

「別々の鍵にして何か問題があるのか」と思うかもしれません。

Aさん、Bさん、Cさん、Dさんの4人ぐらいであれば、特に問題ないかもしれません。

しかし、仮想通貨のやり取りをする相手が4人ということはあり得ません。

不特定多数の消費者を相手にビジネスをする企業であれば、取り引き相手は万単位になります。

図6 共通鍵暗号(対称暗号)

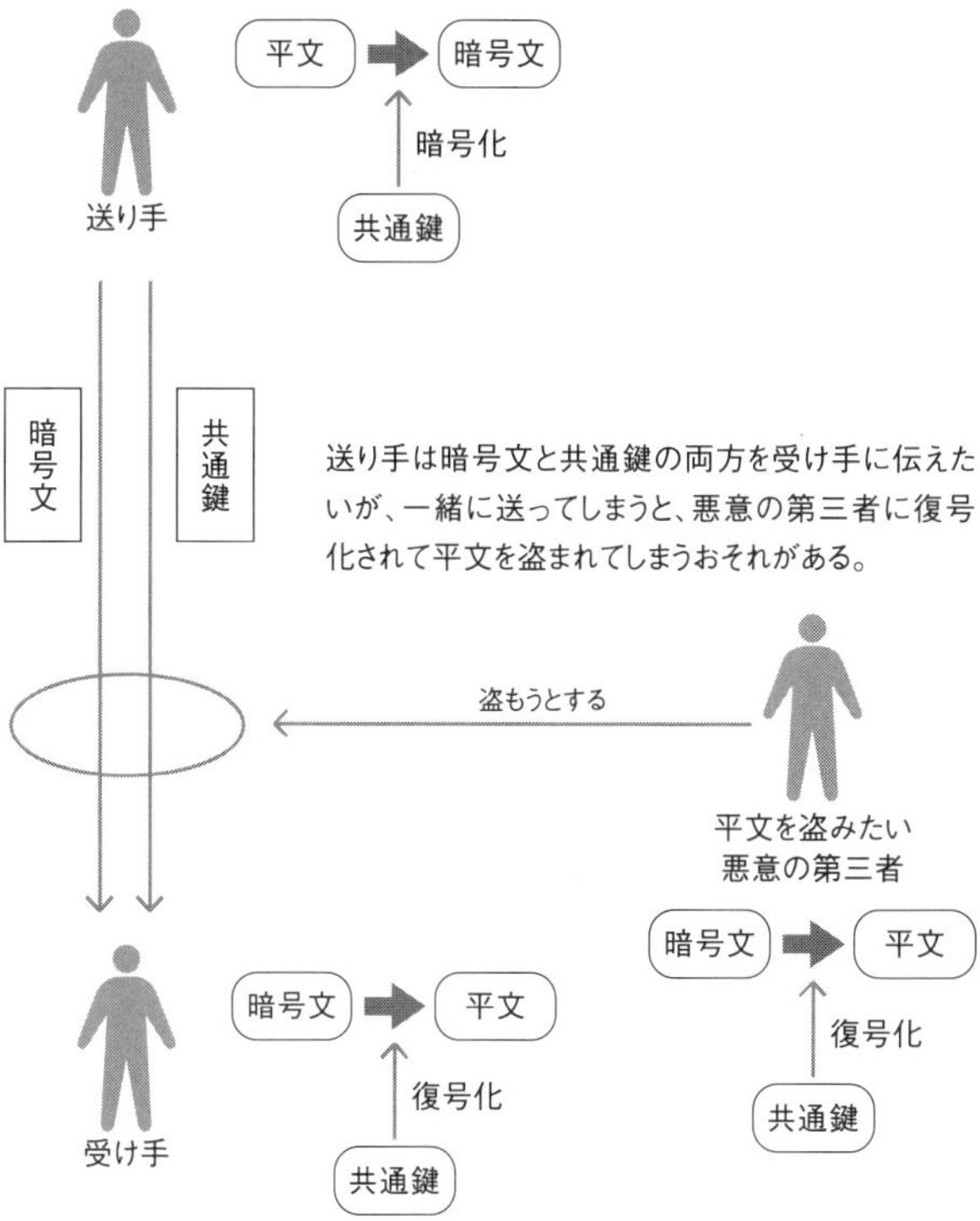

悪意の第三者に暗号文と共通鍵を一緒に盗まれないように、それらを別々に送ったり、共通鍵を事前に共有しておくなどの工夫が必要になる。

仮に1万人がそれぞれお互いにやり取りをする場合、「10000×9999＝9999万」種類の共通鍵が必要になるということになります。

同じ組み合わせ（例えば、AさんからBさんに送る場合と、BさんからAさんに送る場合）では同じ鍵を使うと仮定しても、この半分は必要になります。

暗号鍵を使う際には、たいてい大掛かりな計算を行います。

9999万種類、あるいはその半分4999万5000種類の鍵であっても、その使用が短時間に集中した場合、計算にはとてつもない負荷がかかることになります。

「コンピューターが計算してくれるから大丈夫」と思うかもしれませんが、コンピューターが計算するから負荷が問題になるのです。

もし集中管理型のサーバーだったら、まず止まってしまうでしょう。

サーバーにとっては、ある意味、Ｄｏｓ攻撃（狙ったコンピューターに対して、処理能力を大幅に超える大量のアクセスを短時間に行い、そのコンピューターを止めてしまうサイバー攻撃）を受けたのと似たような状態になってしまいます。

分散型ならある程度は処理できるかもしれませんが、とてつもない電力を使用することになるでしょう。

取り引き相手ごとに共通鍵を変えるという方法は、あまり現実的ではないのです。


そこで考案されたのが、「公開鍵」と「秘密鍵」の2つを使う方法です。

「非対称暗号」などとも呼ばれますが、これは非常に画期的な方法です。

簡単に言うと、かける鍵と開ける鍵を別々にするのです。

「公開鍵」は「この鍵を使ってください」と言って、誰でも使えるように公開しておきます。

そして、「情報を送る際には、この公開鍵で鍵をかけてください」と伝えます。

「公開鍵」は鍵をかけることはできますが、開けることはできません。

開けるための鍵は「秘密鍵」を使います。

この「秘密鍵」は誰にも知られないようにして、自分だけが持っています。他人に知られてしまうと鍵を開けられてしまいますから、厳重に保管しておきます。

この方法なら、それぞれの人が「公開鍵」と「秘密鍵」の2種類を使うだけなので、暗号（鍵）の数は取り引きに参加している人数の2倍で済みます。

「秘密鍵」は本人しか使いませんし、「公開鍵」は最初から公開されており、やり取りをするわけではありませんので、データ処理上の負荷も非常に軽く済ませることができるのです。

参加人数をｎとすると、共通鍵の場合は「ｎ（ｎ－1）」（やり取りする2人が同じものを使うならその半分）、「公開鍵」と「秘密鍵」のセットなら「2ｎ」ですが、この差はとてつもなく大きなものです。

具体的な数字を入れてみるとすぐにわかりますが、ｎが大きくなればなるほど、その差は爆発的に開いていきます。

図7 非対称暗号

公開鍵	= 公に公開しておき、誰でも使える
秘密鍵	= 誰にも知られないようにして自分だけが使う

公開鍵で暗号化したものは秘密鍵でしか復号化できず、秘密鍵で暗号化したものは公開鍵でしか復号化できないようになっている。

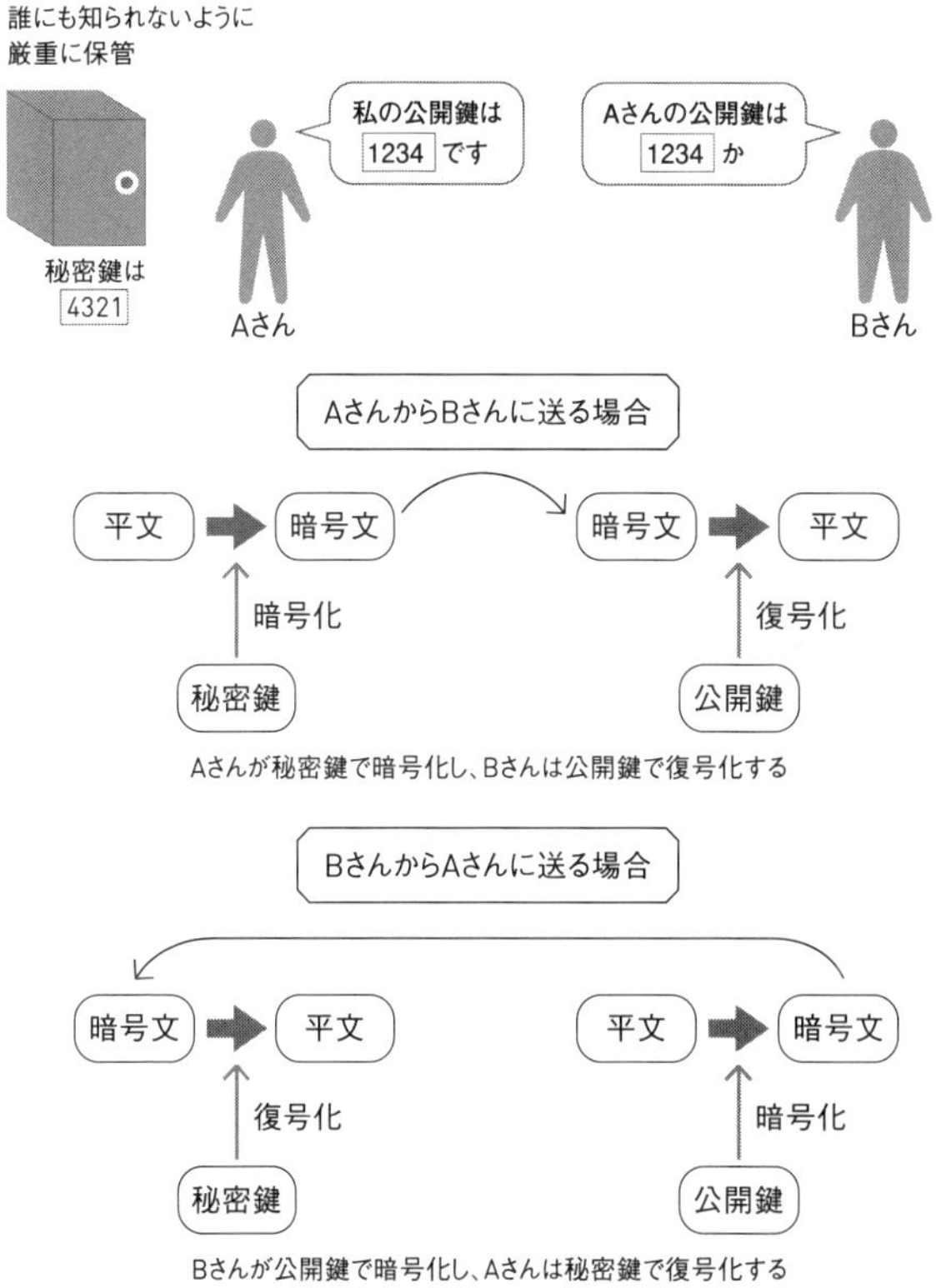

現在、暗号を必要とするデジタルデータのやり取りでは、この「公開鍵」と「秘密鍵」をペアで使う「非対称暗号」が一般的です。

さらに便利なことに、この鍵のペアは逆向きにも使えます。

「秘密鍵」で鍵をかけて、「公開鍵」で開けることもできるのです。

これは「デジタル署名」と呼ばれる暗号に使われているやり方で、本当に本人が送ったデータかどうかの証明に使われます。

Aさんは自分の「秘密鍵」で鍵をかけ（暗号化し）ます。

これをBさんに送ります。

Bさんは、Aさんが公にしている「公開鍵」を使います。

この「公開鍵」で鍵が開けば（復号化されれば）、間違いなくAさんが鍵をかけて送ったデータだとわかるわけです。

もしCさんが、Aさんになりすましてbさんに送った場合、Aさんの「公開鍵」では鍵を開けることができませんから、その時点で「これはAさんから送られたものではない」とわかります。

「公開鍵で開けられるということは、誰でも開けられてしまうではないか」と思うかもしれませんが、それでいいのです。

データを送ったのが本当にAさんかどうかがわかればいいので、むしろ多くの人に確認してもらえる方がいいとさえ言えます。

多くの人が、正しいことを証明してくれるのですから、メリットはあってもデメリットはありません。

一方向関数とは

ある数（一つとは限らない）を代入して計算し、答え（計算の結果）を出すことは容易だが、答え（計算の結果）から逆算してある数を求めることができない（正確には、「きわめて困難な」）関数のことを「一方向関数」と言います。

一方向にしか計算ができない（「逆関数による逆方向への計算＝逆算」がきわめて難しい）ため、こう呼ばれます。

基本的に、小学校で習うような簡単な四則計算は、逆算が簡単にできてしまいます。

例えば、「ａ＋３＝ｂ」で「ｂ＝５」なら「ａ＝２」とすぐにわかります。

四則計算を組み合わせたような「ａを４倍して１を加えた数をｂとする」関数（４ａ＋１＝ｂ）でも、難易度はそれほど変わりません。

こういう関数は、一方向関数ではありません。


では、一方向関数とはどのような関数なのでしょうか。

暗号で使われるような関数は複雑なので、ここでは載せませんが、例えば、かなり大きな素数どうしの積（かけ算の答え）があったとき、その素数を二つとも求めることは簡単ではありません。

素数どうしの積を素因数分解するには、素数どうしのかけ算を片っ端からやってみるしかありません。

さらに、素数をn乗したときのnの値（log n）とか、何らかの数で割った時の「余り」などを考えていくと、よりいっそう逆算が難しくなります。

そういったものをいくつも組み合わせていくことで、「片っ端からやってみる」ための組み合わせが天文学的な数になり、確率的にはスーパーコンピューターでも何万年、何億年かかるという「一方向関数」ができあがるのです。

「一方向関数」は暗号にはなくてはならないものです。

代入値がわかっていれば、計算の答えが正しいかどうかの確認はいとも簡単にできる反面、計算の答えがわかっていても逆算して代入値を見つけるのはとてつもなく難しいという一方向関数のおかげで、暗号が破られずに使われているのです。

「メッセージ・ダイジェスト」を知っている人はベテラン

「メッセージ・ダイジェスト」という用語をご存じでしょうか?

もしあなたが「メッセージ・ダイジェスト」をご存じなら、私の世代に近い、ベテラン研究者かベテランエンジニアだと思います。

「メッセージ・ダイジェスト」とは現在は「ハッシュ」と呼ばれているものです。

「『ハッシュ関数』なら聞いたことがある」という人もいるでしょう。

現在「ハッシュ関数」と呼ばれているものを、私たちが研究をしていた1990年代には「メッセージ・ダイジェスト関数」と呼んだのです。

「何が何だかわからない」という人も多いでしょうが、大丈夫です。

今から解説していきます。

さて、話は冷戦時代にまで遡ります。

冷戦時代のソ連にいる西側のスパイが、本国に（例えば、アメリカのスパイがアメリカに）ソ連の情報を送りたいときに使った暗号がそもそもの「メッセージ・ダイジェスト」です。

冷戦時代といえども、表面上は友好関係にありましたので、お互いに情報の持ち出しをすべて禁止するなどということはできませんでした。

もちろん、軍事機密などを持ち出せば死刑になりますが、例えば「この地域のこの農作物の今年の収穫量は100トンでした」といったような情報は問題なく送れました。

ただし、もしこのとき、ソ連側がこの送った情報を途中で傍受して「『100トン』じゃ少ないと思われるから、『1000トン』に書き換えてしまおう」と思い、情報を「100トン」から「1000トン」に書き換えてからアメリカに送ることもあり得るわけです。

アメリカとしては、受け取った情報が、自国のスパイがもともと送ったオリジナルの通信なのか、ソ連によって改竄されたものなのかを、何らかの方法で確認したいと考えます。

そこで使われたのが、メッセージ・ダイジェスト関数（ハッシュ関数）だったのです（ここから先は混乱を避けるため、特別な理由がない限り「ハッシュ関数」で統一します）。

短い文であれば、改竄されたとしても、あとですぐに気が付くかもしれません。

しかし、長いレポートの中の、ある一か所だけ「100」が「1000」に書き換えられていても、まず誰も気が付きません。

ハッシュ関数を使うと、どんなに長い文章でも、たとえ一文字書き換えただけでも、すぐにわかってしまいます（ただし、「書き換えた」という事実がわかるだけで、「どこをどう書き換えたか」はわかりません）。


コンピューターは、文書であっても、画像や映像であっても、あるいはプログラムであっても、すべて数値として計算していることはご存じかと思います。

その数値を「ハッシュ関数」を使って計算して「ハッシュ値」という値を出します。

この「ハッシュ値」は、長い文章の中の一文字でも変わっていると、似ても似つかない数値として出てきます。

まず、もとのオリジナルの文章のハッシュ値を計算しておいて、文章を送信し、受け取った側でも同じハッシュ関数でハッシュ値を計算して、数値が同じであればオリジナルの文章であるとわかり、違っていたら、誰かが改竄したものだとわかるのです。

送る文章そのものにハッシュ値を付けておくようにすれば、受け取り手はそれと比較して、オリジナルか、改竄されたものかがすぐにわかります。

ほんの一文字、例えば「。」が「、」に変わっただけでも、あるいは「スペース（一字あき）」が一つ入っただけでも、ハッシュ値はまったく違ったものになります。

「オリジナルを変えた度合いに比例することなく、ハッシュ値はまるっきり違う値になる」というところが、一つのポイントです。

「0」を一つ増やすというような、わかりづらい改竄でも、ハッシュ値はまるっきり変わってしまいますから、ハッシュ値を比べれば改竄されたかどうかが一目瞭然なのです。

もちろん、全文を暗号化してしまえば、この問題はもともと避けられますが、冷戦下に相手国に送っている内容が、外交上、問題となる機密情報でないことをはっきり見せなければならないので、暗号化はできません。

一方向ハッシュ関数は必ずしも万能ではない

暗号としてとても有効な一方向ハッシュ関数ですが、実は万能なわけではありません。これまでに多くの一方向ハッシュ関数が生み出され、暗号に使われてきましたが、時とともに次々と破られてきているのです。

現在、使われているものも、やがて誰かが破ってしまうことでしょう。

私が１９９０年代の初頭に「苫米地アルゴリズム」で採用した一方向ハッシュ関数は「ＭＤ５」（「ＭＤ」は「メッセージ・ダイジェスト」の略）というものですが、当時は非常に強い関数だと思っていました。

しかし、現在、ＭＤ５はすでに破られています。

同じハッシュ値を持つ別のメッセージを作り出せてしまうのです（元のメッセージが復

元できるわけではありません）。

その後、「ＳＨＡ」という一方向性ハッシュ関数が開発されました。「ＳＨＡ」も時間とともに改良され、現在、「０」から「３」までの４つのバージョンがあります（「ＳＨＡ－０」～「ＳＨＡ－３」）。

また、「ＲＩＰＥＭＤ（ライプ・エム・ディ）」という一方向性ハッシュ関数もあります。「ＳＨＡ－２」や「ＲＩＰＥＭＤ」の進化形である「ＲＩＰＥＭＤ－１６０」は現在のところ破られていません（これらは、ビットコインでも使われています）。

しかし、破られる前に先回りするような形で「ＳＨＡ－３」を作っておこうということで、公募によって「ＳＨＡ－３」の候補を募集し、２０１２年に「ケチャック」というアルゴリズムが「ＳＨＡ－３」に選ばれました。

ＮＳＡ（アメリカ国家安全保障局）のルールとして、「ＮＳＡが解けない暗号は作ってはいけない」というものがあるのですが、そもそも暗号とはそういうものだということです。

「絶対」ではなく、「まあ安全かな」というぐらいだと思っておいてください。

もちろん、仮想通貨の暗号も「まあ安全かな」ということになります。

これを「不安」と捉えるか、「安心」と捉えるかは人それぞれですが、私は、通常の商取引に使用する分には、現段階では「安心」して使っても問題ないと考えています。

ビザンチン将軍問題をいかに解決するか

「ビザンチン将軍問題」とは、ビザンチン帝国（東ローマ帝国）に所属する、それぞれ離れた場所にいる複数の将軍たちが、お互いにどのように連携して行動するかを問う問題です。

本当のビザンチン帝国の話というよりは、通信手段が限られた状態で距離が離れた者どうしがどのようにして共通の意識決定を下すかという問題の比喩と考えてください。


例えば、ある共通の敵と戦う5人の将軍がいたとします。

彼らは同じ「ビザンチン帝国」の将軍ですから、基本的には全員が味方どうしです。彼らは共通の敵と戦っていますが、敵は強力なので、５人が全員、一致団結して戦わないと勝てません。

どのタイミングで攻撃を仕掛けるかも重要ですし、あるいは、状況によっては退却しなければならないこともありますが、退却のタイミングも重要です。

他の部隊が退却しているのに、一隊だけ攻撃を仕掛けてしまったら、その部隊は確実に全滅します。

また、攻撃して負けるのが嫌だと思って、一隊だけ退却してしまったら、残りの四隊は全滅してしまいます。

仮に自分の部隊は生き残ったとしても、仲間を見殺しにして一人だけ逃げ帰って来た「腰抜け将軍」として、おそらく極めて重い罰を受けることになるでしょう。

当時の連絡手段は「人」です。

味方どうしであっても、密使が直接行って、情報を伝えていました。自分が送った密使が、別の将軍のもとにきちんとたどり着いたかどうかは、簡単にはわかりません。

途中で敵のゲリラ戦に遭って、捕まったり、殺されたりしているかもしれません。戻ってくればわかりますが、あまりにも時間がかかります。

あるいは、密使がきちんとたどり着いて、情報が別の将軍に伝わったとしても、将軍が裏切って別の行動に出る可能性もあります。

味方といえども、国内政治の出世争いではライバル関係にありますから、「あいつが戦いで死んでくれれば、俺の出世の道が拓ける」と考える将軍もいないとは限りません。

密使を受け取った側にしても、「この者は本当にあの将軍からの密使なのだろうか」と疑心暗鬼になるかもしれません。

こちらを混乱させるために敵が送り込んだ、偽の密使かもしれないからです。

図8 ビザンチン将軍問題

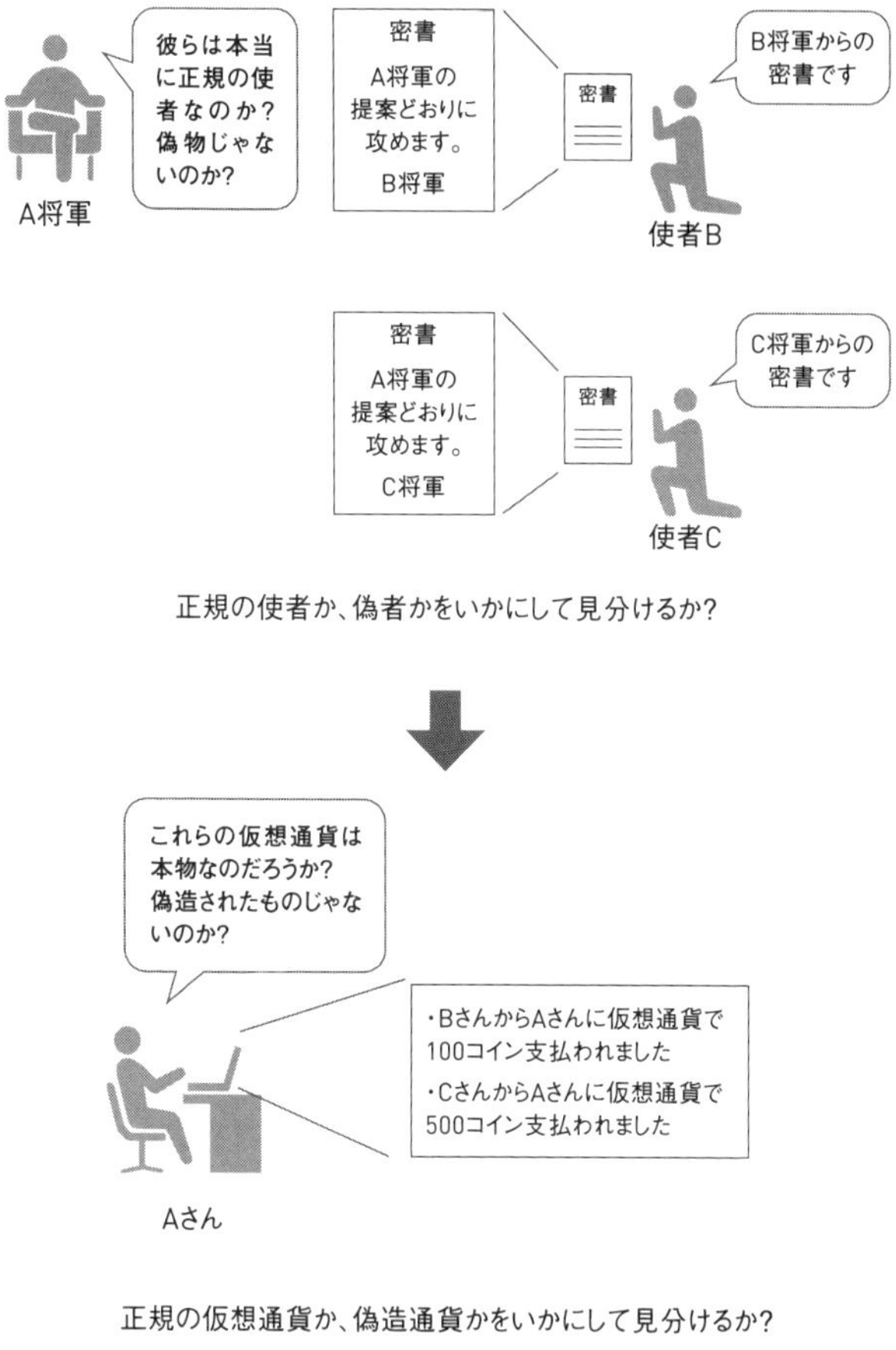

仮に、「攻めるか、退却するか」の二択しかなかったとしても、5人の将軍の各部隊が同じ選択をしないと全滅しかねない状況では、各部隊ともどうしていいかわからず、身動きができなくなってしまうのです。

このように、お互いが直接には意思確認できない状態で、どのように意思統一を図るか、どのようにすれば悪意あるメンバーの裏切り行為を防げるかを考えるのが「ビザンチン将軍問題」です。

なぜ「ビザンチン」なのかはよくわかりませんが、これを分散型の仮想通貨の問題として考えると、共通点がかなり見つかります。

つまり、誰かが仮想通貨を不正に使用したり、不正に偽造したりすることをどうやって防げばいいかという問題に置き換わるのです。

一つのサーバーで集中管理する仮想通貨の場合には、こうした「ビザンチン将軍問題」

は起こりません。

サーバーがすべての情報を管理しているので、真偽は一目瞭然でわかりますし、不正もすぐにわかります（「ハッキングされる」というのは別問題です）。

しかし、分散型（一つのサーバーで管理するのではなく、複数のコンピューターで管理するやり方）の仮想通貨（ビットコインなど）の場合、決まった管理者はいませんから、常に「あのユーザーは不正をしていないだろうか」「本当にあのユーザーから支払われた仮想通貨なのだろうか」という「ビザンチン将軍問題」が付き纏うことになるのです。

「フィンテック」などと呼ばれるもののほとんどは、この「ビザンチン将軍問題」をどう解決するかという話に帰着します。

そして、この「ビザンチン将軍問題」を解決したのが、「ブロックチェーン」であり、ビットコインの「マイニング」であると言われているのです。

ブロックチェーンとは

次章で扱う「ビットコイン」の予習として、まずは「ブロックチェーン」について簡単に解説しておきましょう。

「ビットコイン」は「ブロックチェーン」という技術に支えられていると言っても過言ではありません。

この技術は最近広まったかのように言われることも多いのですが、先ほど述べたように、実際には私が研究をしていた1990年代からあった技術です。

ただ、当時はコンピューターの性能も現在とはまるっきり違いますし、インターネットの通信速度もまったく違いました。

そもそもコンピューターはインターネットに「常時接続」されてはいませんでした。

その意味ではかなり進化していますが、考え方の基本自体は新しいものでもなんでもありません。

さて、そのブロックチェーンですが、ごくごく簡単に言いますと、取引の履歴を塊（ブロック）にして、その塊を鎖（チェーン）のように繋げていく仕組みになっています。取引履歴が鎖状に連なっているので、過去にどのような取引がなされてきたかが、一目瞭然なわけです。

ここが、私が「ビットコインのような仮想通貨は、通貨ではなく帳簿である」と言う理由です。

先ほども述べたように、仮想通貨とかフィンテックと呼ばれるものはブロックチェーンのことだと言ってもいいくらいですから、現在使われている仮想通貨もフィンテックと呼ばれるものも「帳簿」なのです。

ブロックチェーンについて詳しく解説してしまうと、それだけで本一冊分になってしまいますから、専門的な話が知りたい人は専門的な本を読んでいただくとして、ここではブロックチェーンという言葉を聞くのがほぼ初めて、あるいは言葉だけは聞いたことがあるが、内容はまったくわからない人向けに、初歩的な概要を説明しておきたいと思います。

ブロックチェーンは「帳簿」ですが、分散型で管理する場合、誰かが帳簿を書き換えたり、他人になりすましたり、一度使った仮想通貨を別の相手にも使ってしまうなどの不正が起こる可能性があります。

単なる帳簿なら暗号技術は必要ないかもしれませんが、どこかに裏切者がいるかもしれないという「ビザンチン将軍問題」が発生してしまう状況では、暗号技術が必要になります。

改竄されないための暗号技術のポイントは、先ほど述べた「ハッシュ値」です。

ブロックチェーンは、データを塊（ブロック）にして鎖（チェーン）のようにつないでいくわけですが、このブロックには一つ前のブロックの「ヘッダ」と呼ばれる部分のハッシュ値が含まれています。

さらに、そのブロック自身の中に入っている帳簿データのハッシュ値も入っています。

そして、それら（前のブロックから受け取ったハッシュ値と自分の中にあるデータのハッシュ値）を統合して「ヘッダ」とし（さらに「ノンス（ナンス）」と呼ばれる別のデー

図9　ブロックチェーン

データを塊（ブロック）にして鎖（チェーン）のようにつないでいく

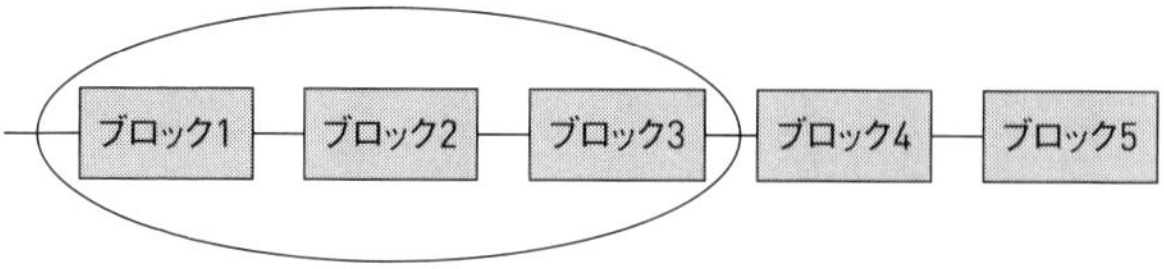

ブロックの中身の概念図

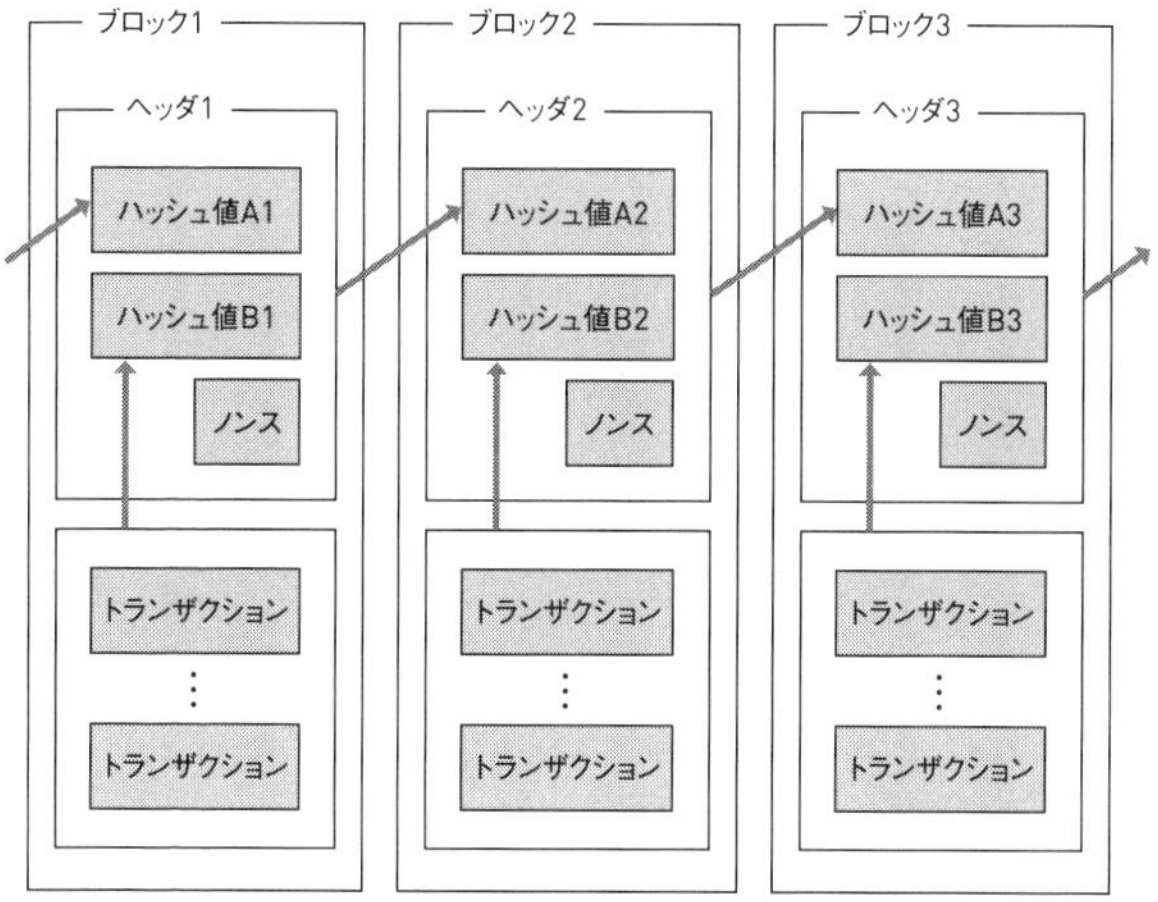

タも入っていますが、ここでは詳述しません）、次のブロックにハッシュ値を受け渡します。
ブロックチェーンは、データ（帳簿）の連鎖でもあると同時に、ハッシュ値の連鎖でもあると言えるのです。

帳簿データは「トランザクション」などと呼ばれますが、この「トランザクション」そのものも暗号化されます。

記載されている取り引きが、本当に本人のものかどうか確認しなければならないので（他人になりすまして偽の取り引きをする人がいるかもしれないので）、ここでは「公開鍵」と「秘密鍵」の非対称暗号を使います。

トランザクションを作る際（取り引きをする際）、取り引きした人が秘密鍵でデジタル署名をするのです。

公開鍵は当然、公開しておくので、それを使えば、本当に本人が取り引きしたかどうかがわかります。

ビットコインはここにさらに「マイニング（発掘）」という概念を導入しているのですが、これについては次章で述べることにします。

単調性とは

「単調性」についても触れておきたいと思います。

「単調性」とは簡単に言うと、増えたり減ったりしないこと、増えるなら増え続け、減るなら減り続けるということです。

仮想通貨で使われるブロックチェーンは、増え続ける意味での「単調性」と言えます。ブロックのデータをチェーンでつなげたら、もう取り除くことはできず、ひたすらブロックを増やし続けるだけです。

情報の一部を取り除いて修正したり、別のものを付けたりすることはできません。

少し話は飛びますが、難しい話が続いたので、柔らかい例を出しておきましょう。

「帳簿」の単調性と言えば、以前、私が勤めていた三菱地所という会社での経験を思い出すのです。

私は約1年間、三菱地所の会計係にいました。

その後、財務に異動するのですが、財務に行く前には必ず会計係で1年間、修行のような形で働くのが、三菱地所の慣習になっていました。

会計係での計算の道具は、そろばんがメインでした。

会計係には商業高校出身で、そろばんコンクール日本一になるような人が毎年、入社していました。

会計係の先輩たちはみな、そろばんの達人なわけです。

そんな先輩から「苫米地、おまえ、騙されたと思って、そろばんをやれ」と言われたのです。

「計算は、電卓よりもそろばんの方が速い」というのが、彼らの理屈でした。

例えば、１００億とか、１０００億といった大きな数字を入力するとき、電卓だとゼロをたくさん入力しなければならないけれど、そろばんなら玉を一つ動かすだけで済むと言うのです（その後、財務に異動になり、電卓が解禁になるのですが、そこで試しに電卓で計算してみたところ、そろばんよりも電卓の方がはるかに速いことがわかり、「本当に騙された」と思ったものです）。

今思うと真面目と言いますか、先輩の言葉を素直に受け取った私は、３ヵ月間、大人のためのそろばん教室に通って、とりあえず足し算だけですが、しっかりとそろばんを習得しました。

そして、会計係の仕事をそろばんで1年間、やり続けたのです。

当時の会計係の仕事に、すべてのテナントに係わる賃料や支出を手書きの帳簿に書くというものがありました。

私は丸の内地区担当で「丸の内建物損益」という帳簿を担当しました。丸の内は一番テナントが多いので、それはとてつもないサイズの帳簿でした。

それを手書きで書くのですが、その帳簿は明治の時代から脈々と受け継がれていて、すべて手書きで残されていました。

三菱地所で手書きの会計帳簿を書いたのは、私が最後でした。

私が異動した次の年から、デジタル帳簿になったからです。

この「手書きの帳簿」こそが「単調性」を維持している典型的な例と言えます。

インクを使って書くので、消すことができず、ひたすら書き足していくことしかできません。

私はよく数字を書き間違えたのですが、書き間違えてもペンなので消せませんし、もちろん「バックスペースキー」もありません。

間違えたら二本線を引いて、小さなハンコで訂正印を押すのです。

その作業をした上で、正しい数字を新たに書き足します。

これこそが単調性なのです。

その意味では、三菱地所では貴重な単調性の実体験をさせてもらいました。その後の私の非改竄技術の研究でも、常にこの体験が原点にありました。

また、二本線と訂正印は、いわば善意の改竄（訂正）ですが、もし悪意を持って改竄（修正）しても、上から書き足した数字や文字は、もともと書いてあったものと比べて、インクの色が微妙に異なります。

書き足すと、インクの濃さが変わるのです。

改竄したことが、目で見てすぐにわかってしまうわけです。

私はよく「紙に書かれたデータが最も安全だ」と言っていますが、その大きな理由の一つは、紙に書かれたデータには単調性があるからです。

改竄されてもすぐにわかるのです。

当時は、「デジタルデータには単調性はない」と言われていました。

データにアクセスできれば誰でも簡単に改竄できて、しかも改竄されたかどうかは、簡単にはわかりません。

その、デジタルデータの単調性に挑戦して、実現したのが「苫米地アルゴリズム」であり、現在の仮想通貨で取り入れられているブロックチェーンであるわけです。

ブロックチェーンが、デジタルデータの単調性を、ある程度、実現できている現状においては、安全性の面でデジタルデータが紙の帳簿に戻ったと言ってもいいかもしれません。

第三章

ビットコインとは何か

ビットコインは変動相場制

この章では、多くの人が注目している仮想通貨「ビットコイン」について解説していきたいと思います。

ビットコインが注目されている最も大きな理由は、おそらく「値上がり益が期待できるから」だと思います。

値上がり益を期待できるビットコインには、二つの大きな特徴があります。

一つは、ビットコインという仮想通貨と「円」や「ドル」といったリアルな通貨（法貨）とが双方向に交換可能であるということです。

ここでのポイントは「双方向に」という部分です。

つまり、ビットコインは原則的にはいつでも現金化することができるのです。

これは大きな特徴です。

例えば、「ポケモンＧＯ」の「ポケコイン」は、リアルな通貨と「双方向に」交換することはできません（２０１７年1月現在）。

お金を支払って「ポケコイン」を買って、その「ポケコイン」で「ポケモンＧＯ」というゲーム内のアイテムを買うことはできますが、余った「ポケコイン」を現金化することはできません。

他のゲーム用のコインも、基本的には同じです。

余ったからといって、現金化はできません。

ビットコインは、こうしたコインとは違い、現金化できるのです。


もう一つのポイントは、リアルな通貨との交換レートが固定相場ではなく、変動相場だということです。

需要と供給の関係で価格が決まるので、ビットコインを買いたい人が多ければ価格が上がり、売りたい人が多ければ価格は下がります。

円とドルの為替相場をイメージすればわかりやすいと思います。

これは非常に大きな特徴で、この「変動相場制」を導入しているがために、「ビットコインを買うと儲かるんですか」などと尋ねる人が出てくるわけです。

なお、「儲かるんですか」に対する私の見解はこの章の後半で述べたいと思います。

さて、ビットコインは「Satoshi Nakamoto（中本哲史）」なる人物の、暗号に関する論文をもとに作られたとされています。

ただ、前章でも触れたように、ブロックチェーンなどの考え方については、1990年代からすでにありました。

私はビットコイン論文が出た頃、大学院や研究所時代の友人たちからよく「Satoshi Nakamotoというのはおまえのことだろう」などと言われたのですが、そう言われた理由は、私たちが当時やっていたデジタル暗号やアルゴリズムの研究内容に極めて近い考え方が、ビットコインに採用されていたからでしょう。

また、私がジャストシステムにいたとき（第四章で詳述します）、ビットコインよりも

10年以上前に、おそらく世界最初の仮想通貨として実装されたベチユニット（これも第四章で詳述）が、ビットコインによく似ているのでそう言われたのだと思います。

フィンテックなどと呼ばれていて、あたかも最新技術が使われているかのように思われているビットコイン（あるいは他の仮想通貨）ですが、技術そのものはかなり昔から存在するものなのです。

ビットコインの利用法

ビットコインの利用法について、ごく簡単に記しておきましょう。

ビットコインを利用しようと思ったら、まずは「ウォレット」と呼ばれるソフト（アプリ）をパソコンやタブレット、スマートフォン等にインストールする必要があります。

「ウォレット」とはその名のとおり、ビットコインを入れておく（保管する）お財布のようなものです。

端末にデータを保管するだけでなく、ウェブ上に保管する方法もあります。

ネット決済しかしない人はパソコンだけでもいいかもしれませんが、最近は普通のお店（リアル店舗）でもビットコインが使えるところが増えてきました。

そうしたリアル店舗で利用したい場合は、モバイル端末にウォレットをインストールして利用することになります。

また、紙ベースで保管することもできます。

アドレスと秘密鍵を印刷しますが、紙自体をなくしたり、他人に見られたりしなければ、とても安全な保管方法と言えます。


ウォレットをインストールしたら、いよいよビットコインを入手します。

ビットコインは「取引所」で購入することができます。

取引所は世界中にたくさんあります。

２０１４年に破綻したマウントゴックスという取引所のような、危険なところとは取り引きしたくはありませんが、そうは言っても「ここは安全」「ここは危ない」という判断は、事実上、できません。

ただ、投機目的で大量のビットコインを保有するのでなく、通常の商取引（決済）で使うのであれば、取引所選びにそれほど神経質になることはないと思います。

取引の直前に、取り引きに必要な分のビットコインを入手（購入）したり、取り引き直後に手元のビットコインを換金（売却）すればいいだけです。

ビットコインの決済には若干の時間がかかる（1取引当たり約10分）といっても、さすがにそのくらいの時間で、取引所がいきなり破綻することはないでしょう。

取引所でビットコインを入手（購入）したら、そのビットコイン（正確には前章で述べたように「帳簿」ですが）を使用することができます。

あなたのアドレスから送金先のアドレスにビットコインを送付します。

先ほど述べたように、ビットコインの取り引きが成立するのに、約10分の時間を要します。

その理由については、次の「マイニング」の話で説明します。

マイニングがビットコインの肝

先ほどから、「ビットコインの技術は昔からあった」と述べていますが、もしビットコイン（あるいは、中本哲史氏）のオリジナルの考え方があるとしたら、それは「マイニング」でしょう。

「マイニング（mining）」とは、「採掘」という意味です。

鉱山で鉱物を掘り出すこと、あるいは、ゴールドラッシュ時に金（ゴールド）を掘り出すことを意味します。


ところで、前章で、ビットコインはビザンチン将軍問題を解決したという話をしましたが、これはマイニングによるところが大きいと言えます。

マイニングとは、具体的にはビットコインの取り引きが本当に正しく行われたのかをユーザー（マイナー）たちが競って確かめる行為のことです。

ブロックチェーンのブロックには「ノンス（ナンス）」と呼ばれる、任意の数値が入っています。

この「ノンス」は、計算されるハッシュ値の冒頭部分に「0」が並ぶように設定され、次のブロックのヘッダには、この「ノンス」をも含めたハッシュ値が埋め込まれています（93ページ参照）。

ビットコインは、そのハッシュ値から「ノンス」を求め、一番最初にその答えがわかった人だけが、報酬をもらえる仕組みになっています。

「ノンス」が求められると、その取引は正しいものと認められ、ブロックチェーンのブロックが承認されて、ブロックが追加されることになります。

承認されると、取引自体が成立するわけですが、同時に一番最初に答えがわかった人にビットコインで報酬が与えられる、つまり、ビットコインの流通量が増えることになります。

法貨などの一般の通貨で例えると、これは「通貨発行」に当たると考えられます。ビットコインの場合は、金（Gold）などの採掘になぞらえて、「マイニング」と呼び、「マイニング」を行う人を「マイナー（採掘者）」と呼んでいます。

マイニングの対象となるハッシュ値は、確率的に約10分で正解にたどり着けるようにしており、そのため、ビットコインの取り引き成立までには、約10分のタイムラグが発生するのです。

一方向ハッシュ関数で計算されたハッシュ値は逆算できないので、しらみつぶしに調べていかないと正解にたどり着けません。

このしらみつぶしにかかる時間がおおよそ10分間になるように、工夫がなされているのです。

大勢のマイナーが報酬を求めてマイニングの作業を行いますが、最初に答えにたどり着いた一人だけが報酬を得ることができます。

先ほど、ビザンチン将軍問題の話の中で、ビットコインはビザンチン将軍問題を解決したと言われており、ブロックチェーンとマイニングによって、それが可能になったとされているという話をしました。

ビザンチン将軍問題とは、互いに離れたところにいる味方どうし、裏切者がいないかどうかをどうやって確かめたらいいかというものでした。

ビットコインの話に特化すると、ビットコインの使用者の中に裏切者がいないかをどのように確かめるかという問題になります。

これは、ブロックチェーンとマイニングで確かめられるのです。

ビットコインを不正に使用しようとする裏切者がいたとします。

ブロックチェーンを改竄して、不正取引を試みることは、ある程度の技術があれば可能かもしれません。

しかし、その取引が承認されるためには、マイニングという作業をくぐり抜けなければなりません。

これは至難の業です。

ビットコインで不正をしようと思ったら、取り引き相手だけでなく、不特定多数のマイナーたちをも欺かなければならないのです。

そのための確実な方法は、自ら一方向ハッシュ関数の答えを見つけて、その答えを使ってブロックチェーンを改竄するという方法でしょう。

しかし、実際には多数のマイナーがマイニングを行っているので、その多数のマイナーの目をすべて欺くというのは、まず無理です。

さらに、一方向ハッシュ関数の答えを求める高い能力があるのなら、その能力をマイニングに特化して使った方が儲かることでしょう。

こうして、ビットコインはビザンチン将軍問題を解決した（と言われている）のです。

さて、マイナーがマイニングに成功すると、ビットコインが発行されるわけですが、だとするとビットコインは取引されるたびに増えていき、市場に流通するビットコインの量は無限に増えていくことになります。

ビットコインの流通量が増えると、価値は下落し、インフレーションが起きかねません。しかし、そこもある程度、折り込み済みで、一定の発行量ごとにマイニングで得られる報酬を減らしていき、2140年までに2100万ビットコイン（通貨単位としての「ビットコイン」）を上限として、それ以降は新規に発行されないように設計されています。

2140年以降はどうするのだろうとも思いますが、自分も他のユーザーも生きていないし、新たな技術が生まれるなどして何とかなるだろうと思っているのかもしれません。

マイニングは誰にでもできるのか

ビットコインのマイニングは、形式上は誰にでもできます。

「じゃあ、さっそく私もマイニングにチャレンジしてみようかな」と思った人もいるかもしれません。

しかし、現実はそう甘くはありません。

先ほどから述べているように、マイニングとは、事実上、しらみつぶしに数値を当てはめていく作業です。

そのスピードを世界中の人々が競っているのです。

もちろん、紙とえんぴつで数値を計算しているわけではありません。

ラックマウントされたLINUXマシンを何百台と棚に並べて、ものすごいスピードでたくさんの計算をこなして、正解を見つけるのです。

ですから、まずあなたは、大量のLINUXマシンなどのハードウエアを入手しなければなりません。

それほどのコンピューターを動かすとなると、とんでもない量の電力も必要になります。

とても、あなたの家の契約電力では足りません。

ビットコインのマイニングのために要している電力量を合算すると、２０１４年の時点で、アイルランド一国の電力量に匹敵していたという試算もあるほどです。

大量のラックマウント・コンピューターとそれをフル稼働させるだけの電力を用意できてはじめて、競争のスタートラインに立てることになります。

そうです、これでもまだ、スタートラインに立っただけで、マイニングに成功するかどうかはわかりません。

現在、ビットコインのマイニングに力を入れているのは中国人だと言われています。

中国は、スーパーコンピューターの開発に力を入れている国の一つですが、ビットコインのマイニングもその動機の一つなのではないかと勘繰ってしまうほどです。

ですので、個人が利益目的でマイニングにチャレンジするというのは、現実的ではありません。

また、このマイニングに、海外のサーバー会社と協力して挑戦するという投資ビジネスが最近、はやっています。

今さら何百億円つぎ込んでも、先行する中国人たちには絶対にかなわないので、こういう話が来たら、新手の詐欺だと思ってください。

実際、中国のトップマイナーたちは、マイニングで勝ってもサーバーの電気代にもならず、抜けるタイミングに悩んでいるくらいです。

ビットコインに管理者はいない

一般的な通貨（法貨）にははっきりとした発行者がいます。

前にも述べたとおり、基本的にはその国の中央銀行が通貨の発行者です。

日本なら日本銀行、アメリカならＦＲＢ、共通通貨ユーロにも欧州中央銀行という中央銀行があります。

中央銀行が通貨発行権を独占し、通貨発行量をコントロールするのです。

では、ビットコインにとっての中央銀行のような存在は何なのでしょうか。

実はビットコインには中央銀行のような発行者や管理者はいません。

あえて言えば、P2P（ピー・トゥ・ピー＝ピア・トゥ・ピア）などと呼ばれるネットワーク全体が管理者ということになるでしょう。

P2Pネットワークとは、対等な関係にある個人間（端末間）を相互につなぐネットワークで、分散型のネットワークです。

クライアントサーバー方式などの集中型と対比される言葉と言えます。

ビットコインは、クライアントサーバーを持たない、分散型の帳簿管理システムです。

特定の管理者はいませんが、常にオープンなネットワークに参加している人たちの目にさらされているのがビットコインです。

これに対して、（別の仮想通貨である）リップルなどは、クライアントサーバー方式の集中型仮想通貨と言えるでしょう。

どちらがいいとか、悪いという話ではありませんが、ビットコインには管理者がいないという特徴は押さえておいた方がいいかと思います。

ビットコインはなぜ便利なのか

ビットコインはなぜ多くの人に普及しているのでしょうか。

もちろん現在は、投機目的で買った人もたくさんいることでしょう。

しかし、もともとの存在意義は「決済」、つまり、買い物をする際のお金として重宝したからです。

では、なぜ現金や他の決済方法ではなく、ビットコイン（あるいは、その他の仮想通貨）がこれほどまでに決済方法として重宝しているのでしょうか。

単なる決済方法なら、世の中にはすでに多くのものが存在しています。

ネット上では現金の直接のやり取りはできませんが、銀行振込はできますし、クレジットカード決済もできますし、携帯電話料金と一緒に引き落とすといったこともできます。

ビットコインによる決済が大きな力を発揮するのは、外国とのやり取りのときです。

おそらく、同一国内だと、それほど便利さを感じないかもしれません。

ビットコインを使う最大のメリットは、送金手数料が安いことだからです。

海外にお金を送金したことがある人はわかると思いますが、銀行経由でお金を送金すると、最低でも数千円の手数料がかかります。

大きな金額の取り引きなら、数千円程度は問題にならないかもしれませんが、少額の取り引き、例えば５０００円程度の買い物をするのに３０００円の送金手数料を取られたとしたら、どう思うでしょうか。

やはり「高すぎる」と思い、取り引き自体に抵抗を感じてしまう人も少なくないでしょう。

国際決済での銀行間取引には、どうしても（システム上）高い手数料が発生してしまいます。

カード決済にしても、実際には数％の手数料が加算されています。

その負担を消費者ではなく、店舗側がしているというだけです。

店舗はその数％のカード決済手数料を加味した上で、商品の価格を決めているのです。

見た目上は店舗が負担しているカード決済手数料ですが、価格に上乗せされていれば、消費者が支払っているのと同じです。


いずれにしても、手数料という、いらぬ費用が発生してしまうわけです。

本来ならもっと安い価格で取り引きできたはずなのです。


ビットコインはこれらの決済方法に比べて、格段に安い手数料で送金することができます。

手数料が発生するとすれば、取引所でビットコインと一般の通貨とを両替する際に、取引所に支払う手数料ぐらいでしょう。


しかも、かなり安く設定されているので、５００円程度の買い物でも利用者はストレスなく取り引きできます。

将来的な話は第五章で詳しく述べますが、ビットコインのような仮想通貨が広く普及してくると、クレジットカード会社の存在意義がなくなってくる可能性もあります。

消費者にとっても、店舗（売り手）にとっても、クレジットカード会社に高い手数料を支払うよりも、手数料の安いビットコインで決済した方が得です。

銀行での送金（決済）もビットコインに取って代わられるかもしれません。

少なくとも、国際間の銀行決済は誰も使わなくなるでしょう。

国内でも、うかうかしてはいられません。

国内での振込手数料は比較的安いとはいえ、それは外国の銀行との国際間決済と比べた場合の話です。

少額決済の場合、やはり銀行の振込手数料には割高感がありますから、ビットコインのような仮想通貨による決済がどんどん増えていくことになるかもしれません。

私の親ぐらいの世代、いや今の現役世代ですら「銀行に就職すれば一生安泰」だと思っていたと思います。

しかし、どうもそうはいかない時代がすぐそこまでやってきているかもしれません。

ビットコインとマウントゴックスの破綻

ビットコインのいいところを説明すると、必ず「でも、ビットコインなんて怪しいものは、今後、どうなるかわかったものではない。現に、『マウントゴックス』が破綻して、大損した人もいるではないか」などと反論する人が現れます。

たしかに、どうなるかはわかったものではありません。

今後、今以上に発展するのか、ユーザーが減って、やがて誰も使わなくなるのかはわからないのです。

ただ、一つ言えることは「ビットコインというものの安全性と取引所である『マウントゴックス』の破綻とは関係がない」ということです。

マウントゴックスはビットコインと一般の通貨を交換する取引所です。

その取引所の一つが破綻したのであって、ビットコインという体系そのものが破綻したわけではありません。

例えて言えば、日本のどこかの銀行一社が破綻したようなものです。

それ自体は大きな問題ですが、それを受けて「もう『日本円』はおしまいだ」という話にはなりません。

マウントゴックスが破綻したとき、「これでビットコインなどという胡散臭いものは消えてなくなる」と思った人も少なくなかったようです。

実際、２０１４年2月、麻生太郎財務大臣は閣議後の記者会見で「こんなものは長く続かないと思っていた。どこかで破綻すると思っていた」と述べています。

麻生大臣が言った「こんなもの」が何を指すのかはっきりしませんが、「どこかで破綻すると思っていた」と述べていますから、「マウントゴックス」という取引所のことを指しているとは考えにくいと思います。

朝日新聞デジタル版の見出しも「ビットコイン『破綻すると思っていた』麻生太郎財務

相」となっているように、「こんなもの」は「ビットコイン」を指していると考えるのが普通です。

麻生大臣も、「マウントゴックス」という一取引所の破綻とビットコインという仕組み全体の破綻を取り違えていたことがわかります。

もちろん、だからといって「ビットコインは安全だ」などと主張するつもりはありませんし、そんなことは言えません。

前にも述べたとおり、決済手段として使用する分には、それほど大きなリスクはないと考えていますが（すぐに使用する、あるいは、すぐに換金することを想定する範囲では）、長期保有を前提とする場合には注意が必要でしょう。

これについては、次の項で述べていきたいと思います。

ビットコインとチューリップバブル

現在、ビットコインに興味を持っている人のほとんどは、ビットコインの所有を「投機目的」で考えている人たちだと思います。

ビットコインを使用する最大のメリットは「送金コストが安い（特に国際送金）」ことですが、そのメリットを享受するためではなく、「一般の通貨（法貨）との為替相場での値上がり益を目的とした所有」が注目されているのです。

ビットコインは一般の通貨との交換が固定相場ではなく、変動相場制が取り入れられている話はすでにしたとおりです。

当然ですが、変動相場制では「買いが増えると値段が上がり、売りが増えると値段が下がる」ことになります。

現状（２０１７年１月現在）では、一時の勢いはないにしても、平均的にはビットコインの買い注文が売り注文を上回っているようで、価格は上昇傾向にあるようです。

もちろん、「相場」なので細かな上がり下がりはありますが、この1～2年（2015から2016年）というスパンで見れば、上昇傾向と言ってよさそうです。

その前の2013年末から2014年を見ると、マウントゴックスの事件を受け、大幅に価格を下げているので、その反動と見ることもできそうです。

大きく値を下げることもありますが、逆にそれを買いのチャンスと見る人も少なくないようです。

さて、ビットコインに興味を持っている（投機目的の）人たちの最大の関心事は「今後、ビットコイン相場はどうなるのか」ということです。

「はじめに」でも述べたように、私のところにも「ビットコインを買っておくと儲かるのでしょうか」などという相談をしてくる人がいるのですが、私の答えは常に「わかりません」というものです。

「わかりません」というのは、「どうなるか『わからない』ので、なくなっても困らない程度のお金ならいいでしょうが、それ以上のお金をつぎ込むのはリスクが高いと思います」

という意味です。

はっきり言えば「投機目的で購入することはお勧めできません」ということです。

私には今のビットコインの投機騒動は、1600年代にオランダで起こった「チューリップバブル」に近いものに見えます。

チューリップバブルをご存じない方のために、少し解説しておきましょう。

チューリップがヨーロッパに伝えられたのは、15世紀頃、オスマントルコ帝国からと言われています。

異国情緒のある、美しいチューリップは、貴族や商人など一部の愛好家たちに好評で、庭を彩るなどの目的で植えられていました。

中には突然変異で珍しい模様になる個体が現れ、その球根は高値で取引されるようになります（突然変異後の株は、子球根も同じ模様の花を咲かせる性質がありました）。

突然変異で急に高値で売れるようになるということで、多くの人がチューリップの球根を買い求めるようになります。

それによって、普通の球根の値も上がり、「チューリップの球根を買うと値上がりする」という噂を聞きつけた一般市民たちが、こぞってチューリップの球根を買いあさるようになりました。

チューリップの球根市場に新たに参入する人たちが増えていきましたので、球根の価格は、実際に上がっていきました。

その売却益でさらに球根を買い、また値上がりして、値上がり益が得られるという循環が起こります。

まさにこれこそが「バブル」なわけですが、当時のオランダの人々は「チューリップの球根の価格はずっと上がり続ける」と思っていたわけです（だから、バブルが起こるわけですが）。

実は、一般市民がチューリップの球根の価格高騰に熱狂していた頃、もともとのチューリップ愛好家たちは、この市場から距離を置いていたといいます。

自分の庭に植えるには高すぎる、と判断したようです。

さて、チューリップの球根の価格ですが、最高値の時期には、珍しい品種の球根には大豪邸一軒分の値段がついたり、一般市民の30年分の年収に相当するほどの値がついたといいますから、その熱狂ぶりはすさまじいものがありました。

買い手がいたからこそ、その値段がついたわけですが、当然、そんなお金は払えませんから、借金をしたり、あるいは現在の先物取引のようなやり方で、保証金だけ支払って売買していたようです（これも、広い意味での借金ですね）。

そして、その日は突然やってきました。

1637年2月3日、前日まで活発だった球根市場から、突如、買い手がいなくなってしまいました。

価格の暴落どころか、誰もチューリップの球根を買ってくれなくなってしまったのです。

「これ以上の高値では誰も買わなくなるだろう」と多くの人が思い、買うのを躊躇したようです。

高い価格で買って、まだ売っていなかった人たちは、多額の借金を背負うことになりましたが、とても払える金額ではないため、その多くが踏み倒されてしまったようです。

こうしてチューリップバブルははじけました。

チューリップの球根1個で大豪邸が買えるとか、年収の30倍などという異常な状態は終わりを告げたのです。

私には、このチューリップバブルとビットコインがとてもよく似ているように見えるのです。

チューリップの球根という、基本的にはきれいな花を咲かせるだけの存在が「値上がり益目的」でとんでもない高価格で取り引きされる状況と、基本的には決済目的として存在するにもかかわらず、投機目的で入手している人がたくさんいるビットコインとが、とても似通って見えるわけです。

チューリップの球根は植えれば花が咲きますが、ビットコインはデジタルデータなので花も咲きません。

そんなデジタルデータ（デジタル帳簿）に投機目的で大金をつぎ込むのは、リスクが高すぎると思います。

投機目的のビットコインは市場価格ですから、この価格は売り手と買い手の量（売りの量と買いの量）で決まります。

買い手が多ければ値段が上がり、売り手が多ければ値段が下がるわけですから、すでにビットコインを持っていて、値段が上がってほしいと思っている人たちは、できるだけ買い手が増えてくれる方がいいわけです。

ですから、「今、ビットコインを買っておくと儲かるよ」などと煽り、新たに市場に参入する人を増やそうとするのです。

そう考えると、余ったお金で自己責任で投機をする分にはかまわないと思いますが、FXや先物取引にお金をつぎ込むくらいの覚悟は持っていた方がいいですし、少なくとも「これで儲かる」などとは思わない方がいいでしょう。

ＦＸを例に出しましたが、外貨の場合は為替のリスクがあるとはいえ、法貨ですので、価値がゼロになることはまずありません。

法貨は、一応、その国の中央銀行（ユーロの場合は、欧州中央銀行）が価値を保証しています。

こうした議論をすると、前にも触れたように「法貨だって、価値が保証されているわけではない。その国が戦争に巻き込まれたり、内戦が勃発したり、政権が倒れたりしたら、価値が暴落することもある」などと言い出す人がいます。

「法貨にだって、突き詰めていけば、価値の裏付けなどない」と主張する人もいます。

しかし、こうした主張は極端すぎます。

逆に言えば、こうした極端な状況を想定しない限り、「法貨は安全ではない」と主張できないわけです。

法貨は中央銀行が発行していますが、実際は国債を買い取るという形で発行されます。

価値の裏付けはここにあると言えるでしょう。

それに対して、ビットコインには価値の裏付けがまったくありません。買っている人たちが「価値がありそうだ」と思っている限りにおいて、価値があるのです。

決済の道具としてはとても便利なビットコインですが、投機の対象にするのは、私はリスクが高いと思っています。

ただ、今後、発行すると言われているイングランド銀行による仮想通貨や、発行すると宣言している三菱東京ＵＦＪ銀行による仮想通貨のＭＵＦＧコイン（他のメガバンクによるものも同様）、あるいはもし日銀が仮想通貨を発行することになったとしたら、それらにはある程度、価値の裏付けがあると言えるでしょう。

メガバンクが発行する仮想通貨については第五章で解説しますが、これらはメガバンクの資産が価値の裏付けになります。

もちろん、メガバンクが破綻、倒産でもすれば別ですが、現在の日本では考えにくいですし、もしそんな事態になれば、仮想通貨がどうこうという問題以前に、日本の金融システムそのものが大きな危機を迎えることになるでしょう。

可能性はゼロではありませんが、そこまで想定するのは、やはり極端すぎると言えるでしょう。

この章では、ビットコインとは何かについて見てきました。

次章では、すでに少し触れましたが、実はビットコインの技術は新しいものでもなんでもないという話をしていきたいと思います。

第四章

ベチユニットと苫米地アルゴリズム

ジャストシステムという会社

この章では、1990年代に私自身が開発に携わった「ベチユニット」という仮想通貨と「苫米地アルゴリズム」というアルゴリズムについて、解説したいと思います。

私の経歴を見ていただくとわかりますが、私は以前、「ジャストシステム」という会社に勤めていました。

ある年代以降の人ならば、「ジャストシステム」、あるいは、この会社の看板商品でもある「一太郎」というワープロソフトを当然のようにご存じかと思います（「一太郎」は現在でもジャストシステムから販売されています）。

私がこの会社に在籍していた1990年代、日本語のワープロソフトと言えば「ワード」ではなく、「一太郎」でした。

具体的な数は把握していませんが、当時のイメージとしては、文書を作成する用途のあるパソコンにはすべてインストールされていたと言っても過言ではないくらいのシェアを誇っていました。

「一太郎」だけでなく、表計算ソフトの「三四郎」、統合グラフィックソフトの「花子」なども圧倒的な国内シェアを誇っていました。

若い人は想像もつかないかもしれませんが、日本国内で言えば、ジャストシステムは現在のマイクロソフト、アップル、グーグル並み、あるいはそれ以上のＩＴ企業でした。

当時のソフトウェアは、現在のようなダウンロード方式やプレインストールではなく、店頭でのパッケージ販売が基本でしたから、家電量販店の棚をマイクロソフトの「ワード」と取り合い、そして勝つという状況だったのです。

さらに、本当かどうかの確認は取っていませんが、かのビル・ゲイツ氏がマイクロソフト社の年頭訓示で「ジャストシステムを潰せ」と言ったなどとまことしやかに囁かれたりしたものです。

ジャストシステムとはそれほど大きなシェアを誇り、勢いのある会社でした。

その後、私は公安警察からの依頼を受けて、オウム真理教事件の捜査に協力することになり、ジャストシステムを退職するのですが、その前の、ジャストシステムがまさに飛ぶ鳥を落とす勢いを見せていた頃、「ホーム・エデュテイメント・システム」を構築して、アメリカに乗り込もうというプロジェクトがありました。

「エデュテイメント」とは「エデュケーション（Education）」と「エンターテイメント（Entertainment）」を合わせた言葉で、子ども向けに楽しく学習をするためのソフトウェアを開発しよう、そのための基礎的なプラットフォームづくりを進めてアメリカでビジネスをしていこうというプロジェクトを極秘に進めていたのです。

余談ですが、現在、ジャストシステムは「スマイルゼミ」という、タブレット端末を利用した、小中学生向けの通信教育サービスを提供しています。

好評なようですが、これなどはホーム・エデュテイメント事業が実を結んだものと言えるでしょう。

情報空間では限界費用は働かない

そのジャストシステムで手掛けていた「ジャストネット」というプロバイダー事業があるのですが、その中で動くエデュテイメント・システム、広い意味での「ゲーム」と言ってもいいと思いますが、私はそこで自分のアバターが仮想空間を歩き回るようなユーザー・インターフェースを開発していました。

このアバターは、他の人のアバターとネットワーク空間で共存します。

現在では当たり前のことかもしれませんが、１９９０年代当時としては画期的なものでした。

このアバターを使った仮想空間で使用できる通貨として「ベチユニット」というものを設計していました。

会社がどう考えていたかはわかりませんが、私の設計では「ベチユニット」はこの仮想空間でしか通用しない通貨として考えていました。

つまり、現実の通貨（法貨）との交換ができないものとして設計されていました。なぜそうしていたかというと、仮想空間では限界費用が働かないため、法貨との互換性を持たせてしまうと、貧富の差が極めて大きくなると考えたからです。

「限界費用」について簡単に説明しておきましょう。

「限界費用」とは「生産量を一単位増やしたときの、全体の費用の増加量」のことを言います（ですので、「限界」という訳は意味的には誤訳でしょう）。

通常、モノを一つ生産するよりも二つ生産する方がコストがかかるわけですが、生産量が二倍になったからと言って、コストが二倍になるわけではありません。

普通は、たくさん作れば作るほど生産物一つ当たりの単価は安くなります。作れば作るほど単価は安くなりますが、全部売れるとは限らないので、どこかでバランスが取れることになります（経済学的には「限界費用と限界収益が一致した点」ということになりますが、ここでは詳しくは触れません）。

通常の生産物ではこうなるのですが、仮想空間での限界費用について考えてみると、少し様子が違ってきます。

デジタルな仮想空間では、たいてい、物質としての生産物は生産されません。

例えば、印刷・製本された紙の本と電子書籍を考えてみてください。

紙の本は、生産量を増やすごとに紙代、印刷代、製本代、あるいは著者への印税などがかかり、コストが増えていきます（一冊当たりの単価は下がりますが、総コストは確実に増えます）。

これに対して、電子書籍の場合はどうでしょうか。

電子書籍は、一度、生産してしまえば、あとは何冊（何部）売れようが、コストはほとんどかかりません。

かかるとすれば著者への印税くらいですが、紙の本のコスト増に比べれば、ほんの微々たるものです。

デジタルな仮想空間では限界費用が（ほとんど）働かないというのは、こういうことです。

生産量を増やしても、コストがほとんど増えないのです。

こうした仮想空間での通貨を現実の物理空間の通貨と交換できるようにしてしまうと、貧富の差が激しくなってしまうリスクがあるのです。

限界費用が働かないということは、大量に生産してもコストはほとんど変わらないことになります。

大量に生産できる側の人たちは、どんどん儲けることができる反面、消費する側の人たちはどんどん消費してしまう（させられてしまう）ことになりかねないのです。

もちろん、通貨発行権のあるジャストシステムが、限界費用ゼロで通貨を発行し続けて、大儲けすることもできてしまうことでしょう。

そう考えて、仮想空間・情報空間の通貨と現実の物理空間の通貨とは分けるべきだと、

図10　限界費用

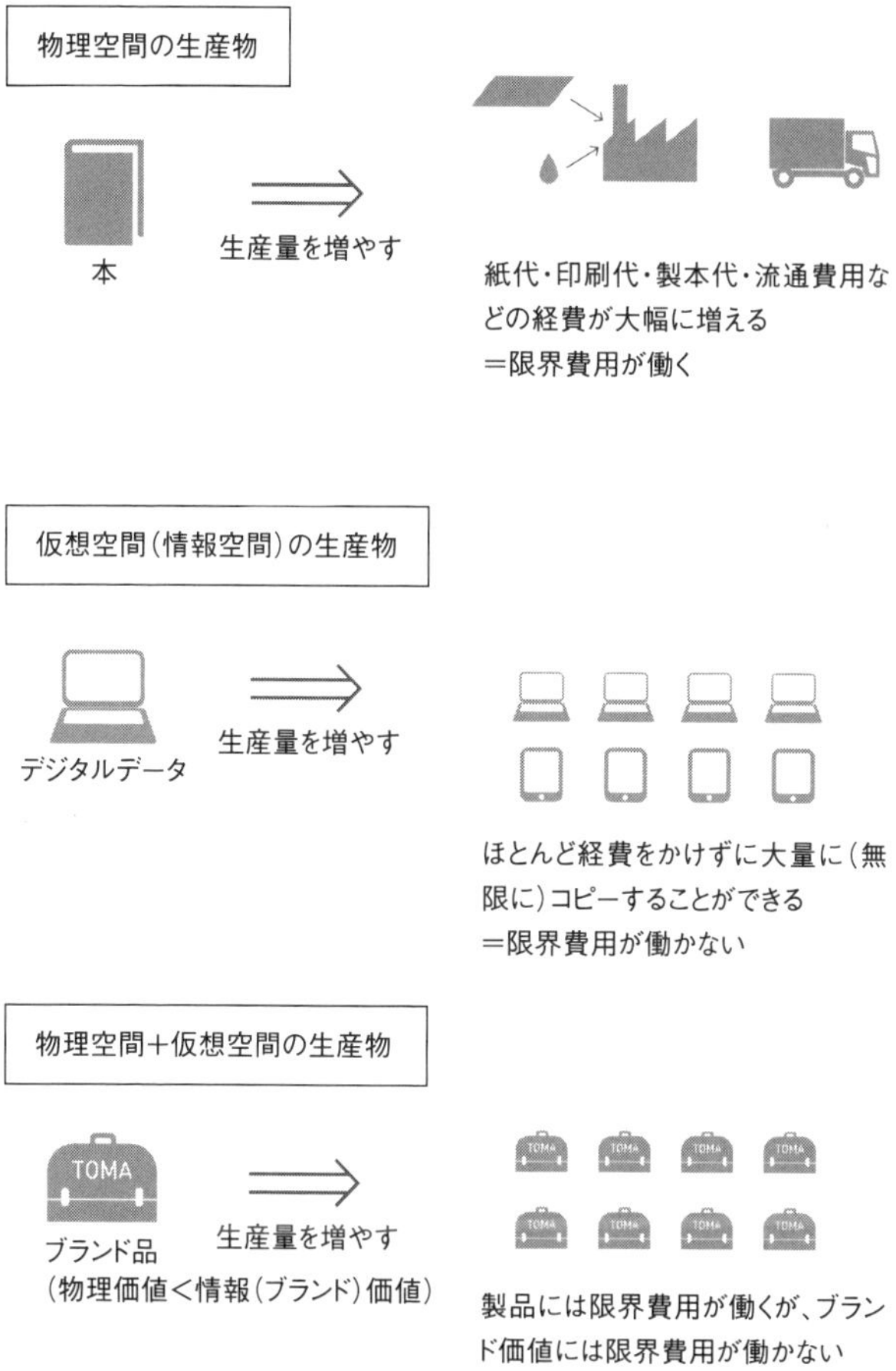
物理空間の生産物
本
生産量を増やす
紙代・印刷代・製本代・流通費用などの経費が大幅に増える
＝限界費用が働く
仮想空間（情報空間）の生産物
デジタルデータ
生産量を増やす
ほとんど経費をかけずに大量に（無限に）コピーすることができる
＝限界費用が働かない
物理空間＋仮想空間の生産物
TOMA
ブランド品
（物理価値＜情報（ブランド）価値）
生産量を増やす
製品には限界費用が働くが、ブランド価値には限界費用が働かない当時の私は判断したのです。

仮想空間・情報空間では限界費用が働かず、現実の物理空間では限界費用が働くので、仮想空間・情報空間にウエイトを置いて稼ぐ人ばかりが儲かってしまうのではまずいわけです（実際、現在の巨大ＩＴ企業とか大手情報産業の経営者たちの多くは、最初の頃は働いたかもしれませんが、その後はほとんど働かずに巨万の富を得ています）。

また、現代で考えてもわかると思いますが、ほとんどの仕事というのは情報空間の付加価値によって成り立っています。

例えば、ブランド物の製品。

バッグでもベルトでも何でもいいのですが、数万円から数十万円もするようなバッグやベルトでも、物理的な価値（原材料費＋加工費）はおそらく数千円程度でしょう。

あとの付加価値は「ブランド」という情報の価値です。

「安物とは違って、モノがいいはずだ」と思うかもしれませんが、現在では中国とか東南アジアの工場がライセンス契約で製造しているケースがほとんどです。最低限の品質は保証されているかもしれませんが、数十万円もの差があるとはとても思えません。

私の考えでは、「ブランド」のロゴの価値は仮想空間・情報空間の価値であり、バッグやベルトの用途としての価値は物理空間の価値なので、それぞれ別の通貨を用いて、価格を分けるべきだと考えたほどです。

データ構造そのものに価値がある「ベチユニット」

その仮想空間・情報空間の価値にのみ使用可能にしようとしていた「ベチユニット」ですが、これはビットコインなどのような「デジタル帳簿」ではなく、データ構造そのものに価値がある、本来の意味での仮想通貨だと思っています。

データ構造そのものに価値があるため、プリンターに印刷して、財布に入れて持ち歩いても価値が保たれるようになっています。

ビットコインも「帳簿」を印刷して持ち歩くことはできるため、現実的にはあまり違いを感じられないかもしれませんが、根本の部分ではまったく違うのです。

紙に印刷して使用できるとすると、紙とデジタルの二重使用ができてしまうのではないかと思う人もいるかもしれませんが、それはもちろんできないようになっています。

誰かが使用したあとで、同じベチユニットを使おうとすると「使用済み」であることがわかってしまうので、使うことができません。

データなのでコピーは可能ですが、使えるのは一つだけです。

コピーを数え上げていけば、何倍にも増えているように見えるかもしれませんが、一度使えば、残りのコピーは使用不可となります。

もちろん、誰かが使って所有権が移動すれば、そこからは新たな所有者が使うことができます（当然、ですよね）。

簡単に言うと、通貨（お札と思っても、コインと思ってもいいですが）そのものに、「このお金は誰さんから誰さんに所有権が移動しました」と書いてあるということです（ここはブロックチェーンのイメージと非常によく似ています）。

この仕組みを維持するのは、データ構造に単調性（モノトニシティ）があるからです。グラフというデータ構造の単調性を維持するアルゴリズムとして、当時、世界最速だったものが「苫米地アルゴリズム」です。

これは私の博士論文の題材でもあったもので、ここであまり詳細に解説しても話が難しくなるためしませんが、簡単に言いますと、ビットコインのブロックチェーンなどの木構造のデータそのものに単調性をもたらす、汎用性のあるアルゴリズムとして世界最速だったということです。

単調性をもたらすためには、単一化ということを行うのですが、このあたりの話に興味のある方は拙著『認知科学への招待』（サイゾー刊）をご参照ください。

多くのアルゴリズムは、計算量の複雑性が「nの3乗」あるいはその後、「n・log n」

のものが作られましたが、私の苫米地アルゴリズムは「n」、つまり線形なのです。暗号鍵のところでも述べましたが、共通鍵が公開鍵（と秘密鍵のペア）に敗れたのは、鍵の数の問題でした。

共通鍵は人がn人いたら「n（n－1）」個、お互いが同じ鍵を使うとしてもその半分は必要なのに対して、公開鍵は自分を除いた人数分、すなわち「n－1」個ですむわけです。

これはアルゴリズムの話ではなく、暗号鍵の数の話ですが、しらみつぶしに計算していくときの負荷という点では同様です。

「nの3乗」や「n・log n」を苫米地アルゴリズムが「n」にしたインパクトは、とてつもなく大きなものでした。

コンピューターでもやり切れなかった（メモリーにさえ入らなかった）計算ができるようになり、コンピューターの負荷を著しく軽減することができるようになったのです。

さて、データ構造にこうしたアルゴリズムを搭載したベチユニットですが、悪意のあるユーザーがこのデータ構造そのものを改竄する可能性もありました。アルゴリズムに単調性があっても、データをハッキングされて改竄されてしまったらまずいわけです。

そこで暗号を使って単調性を維持する必要がありました。

そのときにベチユニットで使ったのが、公開鍵と秘密鍵をペアで使う暗号鍵と一方向ハッシュ関数（当時の呼び名は「メッセージ・ダイジェスト関数」）でした。

当時はＭＤ５という関数でしたが、一方向ハッシュ関数の中身は違えど、まさにビットコインのブロックチェーンで使われているのと同じ仕組みを採用していたのです。

つまり、ベチユニットの中には最初からブロックチェーン（という名前はついていませんでしたが）が入っていたということになります。

「ナカモト論文」からビットコインが生まれたとされていますが、少なくともブロックチェーンの部分に関しては、１９９０年代にすでに私が開発した技術として存在しており、ジャストシステムのプロジェクトとしての「ベチユニット」（社内的には「ジャストユニット」という呼び名に変更したようですが）で実装されていたのです。

ビットコインが登場したとき、複数の友人から「ナカモトというのはおまえのことだろう」と言われたと述べましたが、当時の暗号技術や仮想通貨の世界を知っている人間にとっては、そういう認識だったということなのです。

先ほども述べたように、その後、私は公安警察から「オウム真理教事件の捜査に協力してほしい」という要請を受け、全面協力するためにジャストシステムを退職することになります。

そのため、その後の「ベチユニット」がどのような道のりを辿ったのかはわかりません。聞いた話では、プロジェクトメンバーの多くがジャストシステムからソネット（ソニーが出資して作ったインターネット・プロバイダー）に移ったとのことです。

ソニーやソネットから、インターネット空間（アバターをインターフェースとして使った仮想空間やゲーム内空間など）でのみ使える仮想通貨が発行されていたようです。

これらはもちろん、現金化することはできません。

私が「ベチユニット」を（ビットコインとは違って）現金化できない設計にした考え方、哲学は、ソネットに移っていった仲間たちに受け継がれていったものと受け取っています。

「ナカモトサトシなる天才がビットコインを発明した」と多くの人が思っているようですが、要素技術は1990年代以前からあり、名前は違いますが、少なくともブロックチェーンに相当する技術は私が開発済みであり、当時、NDAを結んで複数の人たちに見せていたものがありました。

私が問題だと思っているのは、ナカモトサトシ氏が、ビットコインに、法貨との兌換性を持たせてしまったことです。

勘ぐれば、ナカモト氏が、自身が持つビットコインで儲けるための仕組みとしてマイニングと合わせて導入したのではと思ってしまいます。

自身のお金儲けのために仮想通貨を普及させるというのは、私は賛成できません。

第五章

仮想通貨が導く未来像

フィンテックとは何か

この章では、仮想通貨が今後、私たちの生活や社会全体にどのような影響を与えていくかについての考察を試みたいと思います。

ここまででも述べてきましたが、現在、「フィンテック」という言葉がもてはやされ、多くの「フィンテック」関連企業の株価が上昇しているようです。「フィンテック」関連企業に対する政府の補助金もかなり支給されているようで、官民が一体となって「フィンテック」を盛り上げ、日本経済を牽引するような大きな流れにしたいと考えているようです。

では、「フィンテック」とは何かについて、ここで再度、検証してみましょう。「フィンテック」とは英語では「Fintech」と書きますが、これは「Finance Technology」の略語です。

ＩＴ（ＩＣＴ）技術を使った金融テクノロジーということでしょう。

ただし、中身まで細かく見ていきますと、前にも述べたように、「フィンテック」＝「ブロックチェーン」であることがわかってきました。

結局は「ブロックチェーン」のことを「フィンテック」と呼んでいて、「ブロックチェーン」をどう活用するかが、フィンテック関連企業の最大の関心事だったのです。

前章で見たとおり、ブロックチェーンの技術そのものは新しいものではなく、１９９０年代からありました。

ただし、当時のＣＰＵパワー、インターネットインフラ（高速回線への常時接続など）との圧倒的な違いによって可能になっていることは少なくありません。

ですので、フィンテックとは、「ブロックチェーン」に代表される分散的（同時並列的）な認証の仕組みと人工知能などとも絡めたデータ処理のことであり、技術的には新しくはないものの、周辺技術（コンピューターのＣＰＵとインターネットインフラ）の進歩によって、いろいろなことができるようになっている金融の仕組みの総称」ぐらいに理解しておけばよいかと思います。

なぜフィンテックに予算がつくのか

さて、そのフィンテックに対して、関連企業に多額の補助金を出している政府（省庁）ですが、こちらは大きな問題があると思っています。

最大の問題は、補助金を出している人たちが「フィンテック」の本質、未来像をまったく理解していないことです。

補助金を出すことでどういう未来が作られるのかという青写真がない、あるいは間違った青写真を見ている状態では、従来型のいわゆるバラマキと変わりがありません。

実際、補助金を出している政府関係者たちは、フィンテックについて何の理解もなく、従来型のバラマキと同じつもりで出しているに違いありません。

理解しないまま、なんとなく「将来、大きな産業につながりそうだ」とか「うまく育てば、日本経済の牽引役になって、税収増につながるだろう」などと思っているのでしょう。いや、そこまで考えていればいい方で、「予算を使わないといけないから、何だか知らないけど、話題になっているものに補助金を出しておこう」ぐらいにしか考えていない可能性すらあります。

なぜそう言えるのかというと、現在「フィンテック」と呼ばれている技術が今の流れのまま実用化されると、既存の金融業界を破壊するほどのインパクトを発揮しかねないからです。

もしこのことが理解できていたら、金融業界とつながりの深い政治家たちが黙っているはずがありません。

フィンテックによる崩壊の兆候がすぐに表れてくるのが、クレジットカード業界、そして銀行業界です。

まずは、この二業界がどのように変わっていくかを見ていくことにしましょう。

クレジットカード業界が危ない

フィンテックのインパクトを最初に、そしてまともに受けてしまうのがクレジットカード業界です。

これは非常にわかりやすいと思います。

ビットコインのような仮想通貨が多くの人々に普及したら、皆、クレジットカードではなく、仮想通貨を使うようになるでしょう。

「クレジットカードでもビットコイン（のような仮想通貨）でも、使う側としてはどちらでも同じようなものだから、多少のパイの食い合いはあるとしても、クレジットカードがビットコインに取って代わるなんてことはないのではないか」

そう思われる人もいるかもしれません。

使う側としてはたしかにどちらでも大して変わりはないかもしれません。

しかし、使われる側、つまり店舗側としては大違いなのです。

前にも述べたとおり、ビットコインが普及した最大の理由は「手数料の安さ」です。

特に海外送金は現在、「SWIFT送金」と呼ばれる方法で行われており、この手数料が非常に高いのです。

SWIFTとは、「Society for Worldwide Interbank Financial Telecommunication（国際銀行間通信協会）」の略で、銀行間の国際取引を仲介する機能を果たしています。

このSWIFT送金を行わず、ビットコインで送金することで、手数料が格安になることは話したとおりです。

これは、海外送金に限らず、国内のクレジットカード決済でも同じことが言えます（もちろん、海外でクレジットカードを使った場合も同じです）。

これも前に触れましたが、クレジットカードは使う側には（基本的には）手数料は発生しませんが、使われた店舗側には手数料が加算されます（正確には、カード会社から店舗へ、手数料を差し引いて代金が入金される）。

数％の手数料が加算されますが（手数料率は店舗の信用によって違いがあるようです）、数％とはいえ、売り上げから差し引かれてしまうわけですから、利幅の薄いビジネスの事業者にとってはかなりの痛手となります。

もし、ビットコインのような仮想通貨が普及したとしたら、店舗側は仮想通貨の使用を勧めるはずです。

例えば、仮想通貨で決済したら、クレジットカード決済でもらえるポイントの3倍のポイントがもらえるとしたら、どうでしょうか。

状況によるかと思いますが、ポイント3倍は使う側（消費者）にとっても悪くない話だと思うので、クレジットカードではなく仮想通貨で決済する人が増える可能性が高いです。

3倍というのはあくまでも例なので、採算が取れるなら、10倍でも20倍でもいいかもしれません。

そのくらいなら、確実に仮想通貨を使うでしょう。

つまり、仮想通貨が普及すると、現在のような「手数料ビジネス」は成り立たなくなるのです。

この「手数料ビジネス」で巨額の利益を得ているクレジットカード会社は、仮想通貨の普及とともに、あっという間に消えていくことになるでしょう。

実は、クレジットカード業界というのは利権の塊だと言われています。

これはほんの一例ですが、現在、日本で使われているクレジットカード端末（お店がクレジットカード情報を読み取って、決済をする機械）の大半は、ＩＣチップを読み取れない、磁気カード方式のものです。

磁気カードは、当然ながら、高度な暗号化がされていませんので、安全性がかなり低いのです。

その磁気カードの安全性の低さを改善する目的で、クレジットカードにＩＣチップが載っているはずなのですが、ほとんどの端末がいまだにクレジットカードを機械に滑らせて磁気カードの情報を読み取る方式なのです。

なぜ、ＩＣチップを読み取る端末にしないのでしょうか。

もちろん、端末自体が高価なので、店舗側の負担が大きくて導入できないという側面があります。

しかし、「安全性」を担保するためですから（不正が起これば、クレジットカード会社も損失を被る可能性が高いので）、クレジットカード会社、あるいは業界全体が補助金なり、端末交換の支援金なりを出してでも、新しくて安全な端末の普及に力を入れるべきでしょう。

でも、やりません。

そこには「通信利権」が絡んでいると言う人もいます。

磁気カードの情報を読み取るのは、ＣＡＴという端末ですが、この端末がクレジットカードの情報を店舗で読み取ったあと、ＮＴＴデータが運営するＣＡＦＩＳというシステムに情報が送られます。

こうした流れの中で、ＣＡＴ端末を一手に押さえている会社があるというのです。

この会社が利権をつかんでいて、通信業者とともにＣＡＴ端末を使い続けるように働きかけ、新しい端末の普及を遅らせているといいます。

クレジットカード情報は非常に重要な情報ですが、磁気テープ上では暗号化されているわけではありません。

当然ながら、インターネットを使った通信などはしません。

ＣＡＴ端末で読み取った情報はＣＡＦＩＳに送られますが、このときに使われるのは一般の電話回線です。

正確には、ＮＴＴの電話回線が使われます。

インターネット回線を利用したＩＰ電話回線などはＮＧです。

店舗側は、クレジットカードの利用を開始する際、ほぼ間違いなく、「ＮＴＴの電話回線を利用するように」と言われます。

表向きは「安全性」を謳っていますが（実際、ＩＰ電話などと比べたら安全性はかなり高いですが）、これは大きな利権です。

ＣＡＴ端末はＮＴＴの電話回線を使って、二度、電話を掛けます。

なぜ二度なのか、その合理的根拠は聞きませんが、いずれにしても、顧客がカードを利用するたびに端末は二度、ＮＴＴの電話回線を使って電話を掛けるのです。

二度、電話を掛けるときの通信料がいくらなのかはわかりませんが（月極めの定額料金かもしれませんが）、「基本料×日本全国のクレジットカード端末数」だけで相当な額になることは想像に難くありません。

携帯電話や電子メール、ＳＮＳ、無料通話アプリ等の普及によって、一般の固定電話や公衆電話の利用は激減しています。

そんななか、いまだにＮＴＴが通信業界の雄として君臨し続けている背景の一つに、こうした目に見えない、巨大な集金システムがあるのです。

もしビットコインのような仮想通貨がクレジットカード並みに普及したら、ＮＴＴの経営を盤石にしているこの巨大権益は崩壊することでしょう。

フィンテックを推進しようと多額の補助金を出している政府の人たちが、自らＮＴＴの経営を危くすることを政策を進めているのだと理解しているのかどうか、はなはだ疑問です。

銀行業界が危ない

フィンテックの進化でさらに危ないのが銀行業界です。

ただし、銀行業界はクレジットカード業界のように消滅したりはしないでしょう。

ですが、大きなリストラの波が押し寄せ、銀行員は大量解雇の憂き目に遭うことになるでしょう。

銀行の主たる業務とは何でしょうか。

まず思い浮かぶのが、住宅ローンなどの貸し付け業務です。

これには、企業への運転資金の貸し付けなども含まれます。

もう一つ大きな柱として、決済業務があります。

支払いの決済をする業務です。

例えば、サラリーマンの給与支払いはほぼ例外なく銀行（ゆうちょや信用金庫等も含む）振込です。

公共料金を銀行口座から自動引き落としにしている人も多いでしょうし、クレジットカードの支払いも銀行口座からの引き落としです。

企業間の大きなお金の取り引きも、ほぼ銀行振込が基本です。

現在、お金のやり取りを現金や紙の小切手で行うケースは稀で、銀行振込を利用するのが当たり前の世の中なのです。

実は、銀行員の多くは貸付業務ではなく、決済業務に携わる人たちです。

そして、決済業務の手数料ビジネスの規模は計り知れないほど大きなものがあります。

もし、今後、フィンテックが発達し、人工知能技術の導入に合わせて仮想通貨が普及していけば、銀行の決済業務は必要なくなります。

お金のやり取りがビットコインなどの仮想通貨でできるからです。

現在、決済業務に携わっている銀行員たちはいらなくなり、リストラされてしまうでしょう。

手数料収入も激減しますから、銀行はそもそもの業務である貸付業務に特化することになるでしょう。

もしかすると、経済全体で見た場合、銀行が貸付業務を主たる収入源にすることで、世の中に回るお金の量が増え、景気がよくなるかもしれません。

しかし、銀行業界で働く人たちがリストラに遭い、業界再編(業務の再編)を余儀なくされることになるのは確かです。

そもそも、フィンテックが発展しなくても、決済業務はやがてＡＩに取って代わられることになるでしょう。

フィンテック、仮想通貨はその流れを早めるだけかもしれません。

いずれにしても、銀行は一行あたり１００人程度の貸付担当社員とコンピューター（ＡＩ）だけの組織になるでしょう。

アップルペイのインパクト

アップルが提供するサービス、スマートフォン向け決済システム「アップルペイ（Apple Pay）」が２０１６年10月から日本でも開始されました。

iPhone7で料金決済をするシステムで、事前にクレジットカードを登録しておくことで、

iPhoneを端末にかざして決済したり、モバイルSuica（スイカ）として利用したりできるようになりました。

「そんなことは、以前からNTTドコモの『おサイフケータイ』機能でできたではないか」と思う人もいるかもしれません。

今のところはそのとおりなのですが、将来を見据えたとき、このアップルペイ上陸のインパクトは非常に大きなものがあると感じています。

まずは、アップルペイがどのようなものなのかを簡単に見ておきましょう。

スマートフォンを利用した決済にはいわゆる「非接触通信（近距離無線通信）」が使われます。

この通信の規格は何種類もあるのですが、日本ではソニーが開発した「FeliCa（フェリカ）」というものが普及しています。

NTTドコモのおサイフケータイでも、交通系電子マネーのSuica等でも、このフェリカが使われています。

交通系電子マネーを改札口で利用する際に都合がよかったことから採用されて普及したのですが、これは日本独自の規格で、海外ではごく一部を除き、ほとんど使われていません。

いわゆる「ガラパゴス化」していたわけです。

世界標準としては、NFC（タイプA、タイプB）が一般的です。

のちに、ISOがフェリカを「NFCのタイプF」として認証しましたが、規格の違いが解消されたわけではありませんので、ガラパゴス化の状況は変わっていません。

日本でしか使えないものを、世界中で販売しているiPhoneに搭載するとなれば、その分、コストがかさみますし、今後、大きな発展が見込める分野でもない（と思われていた）ので、アップルはiPhoneにフェリカを搭載することに二の足を踏んでいました。

しかし、一時の勢いに比べると業績が伸び悩んできたアップルは、日本でのさらなる市場拡大を狙い、ついに重い腰を上げることになりました。

日本で販売するiPhone7にフェリカを搭載し、ガラパゴス市場での業績アップを目指す決断をしたのです。

iPhoneにフェリカを搭載させたわけですが、従来から搭載されているNFC（タイプA、タイプB）が外されたわけではありません。

将来的にはここが大きなポイントになるかもしれません。

２０２０年の東京オリンピックに向けて、政府はNFCが読み取れる端末を増やしていく方針のようなのです。

実際にはあまり進んでいないようですが、日本ではフェリカ、海外ではNFCといったような使い方はできるようになることでしょう。

さて、そのアップルペイですが、当面は「便利だ」という部分がクローズアップされ、おサイフケータイのiPhone版程度の扱いが続くかもしれません。

しかし、もしアップルがアップルペイの利用に対して、例えば次期iPhoneの購入時に利用できるポイントを付与するなど、何らかのプレミアムを付加したらどうなるでしょうか。

おそらく、アップルペイの利用者数は大幅に増えるだろうと考えられます。

この項の最初に、アップルペイを「スマートフォン向け決済システム」と紹介しましたが、実はこれは正確ではありません。

もう少し正確に言うと、アップルペイとは決済システムのプラットフォームです。

アップルが何らかの決済をするのではなく、クレジットカードや電子マネー等の既存の決済システムがアップルペイというプラットフォームの上に乗っかっているというイメージです。

実際、アップルは決済に関わる情報（顧客情報や店舗情報、金額、商品の内容など）を一切入手しません。

ただ、プラットフォームを提供するだけです（おサイフケータイも電子マネーのプラットフォームですが、ユーザーの取り込みはあまりうまくいっていないように見えます）。

アップルは決済事業者と、ビジネスにおいて同じ土俵で戦うことはありません(パイの食い合いのような、ビジネス上での敵対関係になることはありません)。

パイの食い合いが起こるようなら、既存の決済業者も黙っていないでしょうから、アップルペイを潰しにかかるかもしれませんが、現状のようにプラットフォームだけなら、潰すよりもそこに乗ってしまった方がメリットがあります。

こうしてアップルは、むしろ決済業者たちの上位に立つことになるのです。

もし利用者が著しく増えた場合、すべての決済事業者(クレジットカード会社や電子マネー取扱会社)はアップルペイというプラットフォームなしにはビジネスができなくなってしまうでしょう。

そうなれば、決済事業者はアップルにはまったく逆らえなくなります。

アップルは決済事業を行わないがゆえに、決済事業者を事実上、傘下に収めることができるのです。

ここからはさらに想像の世界を出ませんが(私は十分にあり得ると思っていますし、だからこそ本書でアップルペイを取り上げたのですが）、アップルがアップルペイ利用者向けに仮想通貨を発行したらどうなるでしょうか。

例えば、「アップルコイン」のような仮想通貨を発行し、それをアップルペイにおける唯一の決済通貨と定めたとしたら、どうなるでしょうか。

日本、いや世界中の金融決済の大半が「アップルコイン」で行われるなどということにもなりかねません。

そうなると、事実上、通貨発行権をアップルが持ったも同然ということになります。

しかも、アップルペイの利用状況によってポイントが付くとすれば、これは金利が付くのと同じ効果が生まれますので、法貨と紐づいていながら、法貨とは違った通貨として流通することになります。

そうなったときの世界経済へのインパクトは、まさに計り知れません。

アップルペイは日本ではまだ始まったばかりで、今後、どう発展していくかは予断を許しませんが、さまざまな可能性を秘めていますし、天下のアップルですから、そうしたさまざまな可能性について、しっかり検証した上で最適なビジネス戦略を練ってくるに違いありません。

そのとき、ガラパゴス化する日本の決済システムは、ひょっとするとすべてアップルの傘下に組み込まれることになるかもしれません。

そして、「アップルコイン」のような仮想通貨が発行されることになったら、もしかすると世界経済をアップルが動かすなどという事態になることも、あながち荒唐無稽と片付けられない話になるかもしれません。

メガバンクが発行する仮想通貨

三菱東京ＵＦＪ銀行は、仮想通貨「ＭＵＦＧコイン」を広く一般向けに発行すると発表しました。

発行は２０１７年秋とのことです。

この「ＭＵＦＧコイン」は、利用者が同行の口座にある預金を「１コイン＝１円」の比率でコインに交換し、スマートフォンのアプリ等に取り込むなどして使うとのことです。

また、２０１８年春から順次、コインを取り込んだスマートフォンをかざすことで預金を引き出せる新型のＡＴＭを配備するとしています。

「ＭＵＦＧコイン」はブロックチェーン技術を活用した仮想通貨で、銀行側のメリットとしては、取引を管理する大型コンピューターが不要になり、システム運用コストが大幅に削減できるということがあります。

当初は行員だけで使う行内通貨として考えていたようですが、「利用者の利便性を大いに高めることができる」との声が高まり、一般向けに発行することにしたとのことです。

この三菱東京ＵＦＪ銀行の「ＭＵＦＧコイン」は、アップルペイ同様、いや即効性としてはそれ以上のインパクトを日本経済（あるいは世界経済）に与えるかもしれません。

ブロックチェーン技術を利用した仮想通貨ということは、ビットコインと似たようなものになるのでしょう。

マイニングによる分散型管理はしませんが、決済手段としてのビットコインを一つの雛型として設計されているのは確かでしょう。

ビットコインの最大の特徴は（投機目的を除いては）、海外送金手数料が格段に安いことでした。

このMUFGコインも送金手数料の安さが最大の特徴になるだろうと思われます。

さらに、ビットコインと違って「1コイン＝1円」という「円との固定相場制」が取られています。

これは、仮想通貨を投機対象として見ている人にとっては魅力がないかもしれませんが、決済手段として広く一般に普及するためには大いにプラスに働くことでしょう。

「仮想通貨は送金手数料が格安なので、決済手段としてとても優れている」と言われても、「でも、変動相場制のビットコインは、何かのきっかけで（チューリップバブル崩壊のように）、突如、暴落するかもしれない」と思ったら、利用するのを躊躇するかもしれません。

しかも、ビットコインには価値の裏付けがないので、ある日突然、誰も受け取ってくれなくなるという可能性もありますが、ＭＵＦＧコインには価値の裏付けがあるため、そうした心配は無用です。

ＭＵＦＧコインは三菱東京ＵＦＪ銀行という、預金残高１７０兆円のメガバンクが発行する仮想通貨です。

この圧倒的な預金残高は、ＭＵＦＧコインの価値の裏付けとして十分です（三菱東京ＵＦＪ銀行という看板だけでも十分かもしれませんが）。

しかも、「１コイン＝１円」に固定されているので、突如、価値が暴落するなどということもありません。

一般の人も安心して入手し、利用することができますから、仮想通貨が世の中に一気に普及することになるかもしれません。

おそらく、仮想通貨に関しては他のメガバンクグループも追随してくることでしょう。

具体的には、みずほフィナンシャルグループや三井住友フィナンシャルグループなどは、間違いなく、参入してくると思われます。

私の得ていた情報では、みずほフィナンシャルグループはかなり以前から（おそらく、メガバンクグループで最初に）仮想通貨に関する研究を始めていました。

実用化が遅れた理由はよくわかりませんが、三菱東京ＵＦＪ銀行が導入を決めたからには、早急に追随するものと思われます。

そして、おそらく将来的には、各金融グループが発行する仮想通貨は、統合されていくものと思われます。

どの仮想通貨も「1円＝1コイン」で固定されていれば、その価値は結局は同じだからです（ただし、各銀行独自の金利優遇サービスなどで差をつける可能性はあります）。

先ほど、仮想通貨の普及で銀行業界はリストラの嵐が吹き荒れる話をしましたが、その状況を銀行自体がすでに見越していて、「ならば、せめて本体だけでも生き残るために、自分たちで仮想通貨を出そう」と考えたのではないでしょうか。

それはともかく、メガバンクが仮想通貨を発行するようになると、「決済手数料が安くなって便利」ということ以外に、さまざまな局面で大きなインパクトが起こってきます。

例えば、ＭＵＦＧコインが広く普及したとき、通貨は事実上、「円」から「ＭＵＦＧコイン」へと取って代わられることになります。

『１円＝１ＭＵＦＧコイン』なのだから、取って代わられると言っても、特に変化はないのではないか」と思うかもしれませんが、そう単純な話ではありません。

銀行は、自己資本の額に応じて、一定の倍率で民間に資金の貸付を行うことができます（それが銀行本来の業務です）。

上限はあるものの、銀行が所有する預金残高や自己資本額以上に、お金を貸し付けることができるということは、「銀行が貸し付けを行うこと＝お金の量（この場合はマネーストックの量）が増えていくこと」と言っても間違いではありません。

もし、三菱東京ＵＦＪ銀行がこの貸し付けを「ＭＵＦＧコイン」で行ったらどうなるでしょうか。

世の中の人たちの多くは「MUFGコイン」で資金決済（売買の支払い）を行っている状況では、事実上、三菱東京UFJ銀行が通貨を発行しているのと同じことになるのではないでしょうか。

ゴールドスミスという民間（銀行業者）が通貨を発行していた時代から、タリースティックによって国家に通貨発行権が移り、その時代が長く続いてきましたが、もしかすると、民間銀行が国家から通貨発行権を取り戻すことになるきっかけを仮想通貨が作り出すことになるかもしれません。

「円」が仮想通貨との競争に敗れる日

民間銀行が発行する仮想通貨が、事実上、法貨に取って代わられるとすると、中央銀行（日銀）の存在意義はどうなるのでしょうか。

民間銀行発行の仮想通貨が、民間主導でどんどん発行されていくと、日銀の金融政策は今以上に効力がなくなってしまうでしょう。

通貨の発行量をコントロールしようとしても、その傍らで「ＭＵＦＧコイン」が発行されていけば、ほとんど意味がなくなってしまいます。

一応、「ＭＵＦＧコイン」も「円」が価値の裏付けなので、日銀がまったく必要なくなるかと言えば疑問ですが、現在のような影響力は発揮できなくなるでしょう（現在でも日銀の金融政策の影響力は微々たるものだという意見もありそうですが、その議論はここではしません）。

政府は「納税は『円』に限る」という、法貨のアイデンティティは放棄しないでしょうから（納税も銀行発行の仮想通貨でＯＫとなったら、通貨の歴史は完全に変わります）、その意味でも、「円」の発行主体としての日銀はなくならないはずです。

ただし、一般の家計では、毎年の納税額より住宅ローンの返済額の方が大きいのが普通です。

三菱東京ＵＦＪ銀行は「ＭＵＦＧコイン」での住宅ローンの支払いを認めますから、法貨としての役割は家計では「円」より「ＭＵＦＧコイン」の方が大きいことになります。

先ほど少し触れたように、各銀行が仮想通貨に対して、独自の金利優遇などを行った場合、他行の仮想通貨との競争はもちろん、「円」との競争も起こってくることになります。建て前上は「１ＭＵＦＧコイン＝１円」で始まりますが、三菱東京ＵＦＪ銀行がＭＵＦＧコイン建て預金に円建て預金よりも高い金利を付けた瞬間に「１ＭＵＦＧコイン＝１円」ではなくなります。

円とメガバンクコイン間の為替市場が生まれます。

「円」を持つよりも「コイン（銀行発行の仮想通貨）」を持つ方が得なのであれば、当然、多くの人がそちらを保有し、あるいは決済でもポイント等の優遇政策が施されれば、そちらを使用することになるでしょう。

「円」は仮想通貨との競争に敗れ、単なる価値の裏付け的存在、金本位制における「金

（Gold）」と同じ存在になってしまうかもしれません。

「円」そのものの価値は揺らがないとしても、その管理者である日銀の存在価値は著しく低下することになるのではないでしょうか。

買いオペが民間からもできるようになる

日銀の金融政策が、さらに存在意義を失うことになる要因に、買いオペや売りオペの事実上の自由化があります。

買いオペとは、日銀が銀行が保有する国債などを市場を通じて買い取ることを言います。売りオペとはその逆で、日銀が保有する国債などを市場で売ることを言います。日銀は代金として「円」を支払ったり、受け取ったりするので、この買いオペ、売りオペが「通貨発行量」を調整しているのです。

仮想通貨が普及することによって、買いオペ、売りオペは現在のような形ではなく、国債を誰からでも買えるようになることでしょう。

仮想通貨の発行主体である銀行が、個人から仮想通貨で国債を買い取るといったことも起こり得ます。

そうなればもう、買いオペ、売りオペといった概念そのものが意味をなさなくなるでしょう。

平等な社会が実現する日銀の決断とは

では、日銀が生き残る道はないのでしょうか。

私は、日銀もイングランド銀行に倣って、日銀仮想通貨を発行するべきだと考えています。

イングランド銀行は、すでに自ら金利付き仮想通貨を発行することを宣言しています（単位は「ポンド」のはずなので、「仮想通貨」というよりは「デジタル通貨」と呼ぶべきですが）。

私は日銀もこれに倣って、日銀仮想通貨（デジタル円）を発行すべきだと思っています。

また、金利付きにしないと、民間銀行の仮想通貨との競争に勝てません。

日銀が仮想通貨を発行すれば、民間銀行はよほど金利を付けないと勝てません。民間の仮想通貨の利便性と、「円」という絶対的価値が融合してしまうわけですから、金利が同じなら各銀行の仮想通貨を使用する理由がありません（もちろん、民間銀行は金利やポイントなどで対抗すると思いますが）。

ここに至って、国は民間からまたもや通貨発行権を取り戻すことになるのです。

日銀が仮想通貨を発行したら、紙幣や硬貨（現金）というものも必要なくなることでしょう（ゼロにはならないとしても）。

お金がほぼすべてデジタル化されるわけですから、脱税などはまずできなくなります。

それだけでも、国には大きなメリットがあるでしょう。

ブロックチェーンには、誰から誰にいくら移動したという情報が帳簿としてすべて残りますから、脱税などできようがありません。

これが世界的に広がれば、マネーロンダリングなどもできなくなることでしょう。

技術的にはできます。

あとは、多くの人に便利さや送金手数料の安さなどを実感してもらい、広く普及させられるかどうかだけです。

広く普及してしまえば、「現金」を使う方が「怪しいお金なのではないか」と疑いの目で見られてしまうようになり、使いづらくなっていくことでしょう。

実際、今でもアメリカに入国するときなどには、大量の現金を持っているだけで怪しまれます。

日銀が仮想通貨を発行すべき理由には、もう一つ大きなものがあります。

それは、「通貨発行量を適切に調節できる」ことです。

インフレ、デフレはお金の量（現在のように日銀当座預金に眠っているだけでは無意味なので、発行量というよりは売買に使われた量が問題となるのですが）が影響すると言われますが、このお金の量は、将来はＡＩがうまく計算して、そのときの経済状況に合致したちょうどいい通貨発行量を割り出してくれるようになるでしょう。

仮想通貨なら、そのＡＩが計算したとおりの通貨発行量を保つように、リアルタイムで調整することが容易にできるはずです。

経済というのは、インフレとデフレの波幅が小さい（理想的にはインフレもデフレもない）のがいいわけですが、イングランド銀行が自身のレポートで述べているように、法貨がデジタル通貨になれば、中央銀行が個人や企業から直接買いオペをすることも可能となります。

仮想通貨の新規発行量と買いオペ量をＡＩでコントロールできます。

もしかするとインフレもデフレもない経済が実現するかもしれません。

もちろん、開始当初はいろいろと予期せぬトラブルも発生することでしょう。

しかし、それらを乗り越え、修正を重ねていくことで、本当に人々が暮らしやすい社会が実現するかもしれません。

税逃れをしている富裕層からも税金が取れるようになり、今よりも平等な社会が実現するかもしれません。

経済格差も縮小し、多くの人にとって暮らしやすい社会が実現するかもしれません。

もし、仮想通貨を導入するだけで、そんな未来がやってくるとしたら……。

必要なのは、日銀の決断だけです。

近い将来、私たちは「円」だけでなく、複数の通貨を日常普通に使う時代が来ます。

詳しくは近刊『２０５０年衝撃の未来予想』（ＴＡＣ出版）に書きました。

その時代に私たちはロボットに囲まれ、人工太陽の輝くビルの中で生活していることでしょう。

通貨だけでなく、あらゆる価値がサイバー空間に移行します。

ひとつ忘れてはいけないのは、フィンテックなどで使われる技術は、その時代で安全なだけだということです。

犯罪も戦争もサイバー空間に移行する近未来、本当に単調性を担保できるのは、やはり手書きの帳簿だけだということを頭の片隅みに入れて、まもなくやってくる仮想通貨時代をお過ごしください。

著者略歴

苫米地英人（とまべちひでと）

1959年、東京生まれ。認知科学者（機能脳科学、計算言語学、認知心理学、分析哲学）。計算機科学者（計算機科学、離散数理、人工知能）。カーネギーメロン大学博士（Ph.D.）、同CyLab兼任フェロー、株式会社ドクター苫米地ワークス代表、コグニティブリサーチラボ株式会社CEO、角川春樹事務所顧問、中国南開大学客座教授、苫米地国際食糧支援機構代表理事、米国公益法人The Better World Foundation日本代表、米国教育機関TPIジャパン日本代表、天台宗ハワイ別院国際部長。聖マウリツィオ・ラザロ騎士団十字騎士。マサチューセッツ大学を経て上智大学外国語学部英語学科卒業後、三菱地所へ入社。2年間の勤務を経て、フルブライト留学生としてイェール大学大学院へ留学、人工知能の父と呼ばれるロジャー・シャンクに学ぶ。同認知科学研究所、同人工知能研究所を経て、コンピュータ科学の分野で世界最高峰と呼ばれるカーネギーメロン大学大学院哲学科計算言語学研究科に転入。全米で4人目、日本人としては初の計算言語学の博士号を取得。帰国後、徳島大学助教授、ジャストシステム基礎研究所所長、同ピッツバーグ研究所取締役、ジャストシステム基礎研究所・ハーバード大学医学部マサチューセッツ総合病院NMRセンター合同プロジェクト日本側代表研究者として、日本初の脳機能研究プロジェクトを立ち上げる。通商産業省情報処理振興審議会専門委員なども歴任。

現在は自己啓発の世界的権威、故ルー・タイス氏の顧問メンバーとして、米国認知科学の研究成果を盛り込んだ能力開発プログラム「PX2」「TPIE」などを日本向けにアレンジ。日本における総責任者として普及に努めている。

著書に『アベノミクスを越えて』『認知科学への招待』『憲法改正に仕掛けられた4つのワナ』『TPPで日本支配をたくらむ者たちの正体』（共著）『日本買収計画』『「真のネット選挙」が国家洗脳を解く！』『税金洗脳が解ければあなたは必ず成功する！』『洗脳広告代理店 電通』（すべてサイゾー刊）、『2050年 衝撃の未来予想』（TAC出版）、『原発洗脳』（日本文芸社）、『洗脳学園』（PHP研究所）など多数。TOKYO MXで放送中の「バラいろダンディ」（21時～）で木曜レギュラーコメンテーターを務める。

▶ドクター苫米地公式サイト　http://www.hidetotomabechi.com
▶ドクター苫米地ブログ　http://www.tomabechi.jp
▶Twitter　http://twitter.com/drtomabechi（@DrTomabechi）
▶PX2については　http://bwf.or.jp
▶TPIEについては　http://tpijapan.co.jp
▶携帯公式サイト　http://dr-tomabechi.jp